BIBLIOTECA
ESPÍRITA

Geraldo Campetti Sobrinho

BIBLIOTECA ESPÍRITA

PRINCÍPIOS E TÉCNICAS
DE ORGANIZAÇÃO
E FUNCIONAMENTO

2. ED. REVISTA E AMPLIADA

Copyright © 1996 *by*
FEDERAÇÃO ESPÍRITA BRASILEIRA – FEB

2ª edição – 1ª impressão – 3 mil exemplares – 7/2013

ISBN 978-85-7328-786-8

Todos os direitos reservados. Nenhuma parte desta publicação pode ser reproduzida, armazenada ou transmitida, total ou parcialmente, por quaisquer métodos ou processos, sem autorização do detentor do *copyright*.

FEDERAÇÃO ESPÍRITA BRASILEIRA – FEB
Av. L2 Norte – Q. 603 – Conjunto F (SGAN)
70830-030 – Brasília (DF) – Brasil
www.feblivraria.com.br
editorial@febnet.org.br
+55 61 2101 6198

Pedidos de livros à FEB – Departamento Editorial
Tel.: (21) 2187 8282 / Fax: (21) 2187 8298

Texto revisado conforme o Novo Acordo Ortográfico.

Dados Internacionais de Catalogação na Publicação (CIP)
(Federação Espírita Brasileira – Biblioteca de Obras Raras)

C195b Campetti Sobrinho, Geraldo, 1966–

    Biblioteca espírita: princípios e técnicas de organização e funcionamento / Geraldo Campetti Sobrinho; [Ilustrações: Eduardo Braga e Marcus Eurício]. – 2.ed. 1. imp. – Brasília: FEB, 2013.

    120 p.; 23 cm

    ISBN 978-85-7328-786-8

    1. Espiritismo. 2. Literatura espírita. 3. Biblioteca. I. Braga, Eduardo. II. Eurício, Marcus. III. Federação Espírita Brasileira. IV. Título.

             CDD 020
             CDU 020
             CDE 50.01.03

Sumário

PREFÁCIO 9

1. BIBLIOTECA 11
   1.1 Conceito e funções 11
   1.2 Histórico 12

2. ACERVO DOCUMENTAL 15
   2.1 Conceito de documento 15
   2.2 Tipos de documentos que constituem o acervo da biblioteca 16

3. SELEÇÃO 17
   3.1 Critérios de seleção 17
   3.2 Composição do acervo 18

4. AQUISIÇÃO 21
   4.1 Aquisição de livros e folhetos 21
      4.1.1 Compra 21
      4.1.2 Doação 21
      4.1.3 Permuta 22
   4.2 Aquisição de periódicos 22

5. ORGANIZAÇÃO DE PERIÓDICOS 25
   5.1 Registro 25
   5.2 Arquivamento 26

6. ORGANIZAÇÃO DE LIVROS E FOLHETOS 29
   6.1 Registro 31
      6.1.1 Definição 31
      6.1.2 Objetivo 31
      6.1.3 Carimbo 31
      6.1.4 Localização do carimbo 31
      6.1.5 Número de registro 32
      6.1.6 Data de registro 32
      6.1.7 Livro de registro 32
      6.1.8 Carimbo de identificação 33
   6.2 Classificação 34
      6.2.1 Estrutura 34
          6.2.1.1 Código numérico 34
          6.2.1.2 Iniciais de autor e título 37
          6.2.1.3 Ano 39
          6.2.1.4 Número do volume 40
          6.2.1.5 Número do exemplar 40
      6.2.2 Classificação Decimal Espírita (CDE) 42
          6.2.2.1 Classes 42
      6.2.3 Códigos numéricos de classificação para as publicações da FEB 47
   6.3 Catalogação 68
      6.3.1 Definição 68
      6.3.2 Objetivos 69
      6.3.3 Catálogos 69
      6.3.4 Tipos de catálogos 69
      6.3.5 Ficha catalográfica 69
          6.3.5.1 Ficha catalográfica de obra não mediúnica .. 70
          6.3.5.2 Ficha catalográfica de obra mediúnica 71
          6.3.5.3 Desdobramento de fichas catalográficas 72
          6.3.5.4 Ordenação das fichas catalográficas 73
   6.4 Etiquetação 73
   6.5 Arquivamento 74

7. CONSULTA E EMPRÉSTIMO 77
   7.1 Cadastramento de usuário 77
   7.2 Empréstimo de livros, folhetos e periódicos 78
      7.2.1 Controle de empréstimo 79

8. DIVULGAÇÃO 81
   8.1 Serviços de extensão 81
      8.1.1 Caixa-estante 81
      8.1.2 Carro-biblioteca 82
   8.2 Produtos 83
      8.2.1 Novas aquisições 83
      8.2.2 Disseminação seletiva da informação 84
      8.2.3 Sumários correntes 86
   8.3 Biblioteca e livraria 86

9. INFORMATIZAÇÃO 89
   9.1 Periódicos 90
   9.2 Livros e folhetos 91

10. O ARQUIVO DA BIBLIOTECA 93

11. ESPAÇO FÍSICO E MOBILIÁRIO 95
    11.1 Medidas de conservação 97

12. MATERIAL DE CONSUMO 99

13. ACERVOS ESPECIAIS 101

14. BIBLIOTECA INFANTIL 103

15. CONCLUSÃO 113

REFERÊNCIAS 115

ÍNDICE GERAL 117

PREFÁCIO

A elaboração deste manual foi decorrente de uma preocupação que, desde os tempos de Universidade, incomodava-nos: a de oferecer ao Movimento Espírita um conjunto de sugestões básicas para a organização e funcionamento de bibliotecas espíritas.

Passados alguns anos, desenvolvemos, com a colaboração de profissionais da área de Tecnologia da Informação e de Biblioteconomia, um plano de classificação destinado à literatura espírita. O trabalho ficou em forma de esboço durante certo tempo, tendo sido aplicado em caráter experimental na biblioteca do *Departamento de Infância e Juventude da Federação Espírita Brasileira* — FEB, em Brasília.

Posteriormente, adotamos e implantamos a mesma estrutura de classificação em bibliotecas especializadas não espíritas de duas instituições na Capital Federal.

A partir de 1992, traçamos as primeiras linhas deste manual. Curiosamente, após essa data, a demanda de informações sobre organização de bibliotecas espíritas cresceu e, de diversos pontos do País, começaram a chegar solicitações à FEB quanto ao assunto.

Resolvemos, então, ampliar o escopo do trabalho, observando que, apesar de consideráveis, as poucas iniciativas existentes nesse sentido abordavam a questão sob aspecto específico ou eram voltadas a realidades locais.

Dessa forma, julgamos conveniente desenvolver o assunto, visando maior abrangência, com os seguintes tópicos: tipos de documentos que compõem o acervo da biblioteca; seleção; aquisição; processamento técnico (registro, classificação, catalogação e preparação para a estante); empréstimo; espaço físico; mobiliário; divulgação, entre outros.

Não é nossa intenção esgotar o tema; mas oferecer subsídios que apresentem uma contribuição eficaz àqueles que pretendem, sejam especialistas ou interessados, organizar e implementar os acervos documentais de suas Casas Espíritas, ou mesmo a biblioteca de seu próprio lar.

Decorridos 17 anos de lançamento desse manual e, objetivando atender inúmeras solicitações, a FEB publica a segunda edição, revista, atualizada e com nova diagramação, do livro *Biblioteca espírita*.

Brasília (DF), março de 2013.

1
BIBLIOTECA

A primeira questão que o leitor certamente formulará é a que se refere ao conceito de biblioteca.

Comecemos, então, pelo básico. Vamos conhecer o conceito, as funções e um pouco da história desse fascinante mundo denominado *biblioteca*.

1.1 Conceito e funções

Biblioteca é o conjunto de documentos impressos e não impressos, dispostos ordenadamente para estudo, pesquisa e consulta. Suas principais funções vinculam-se à reunião, organização e difusão da informação.

No processo de reunião, estão as atividades de seleção, aquisição, registro e conservação dos documentos.

Na organização, incluem-se a classificação, catalogação e preparação das obras para arquivamento nas estantes.

Na difusão, destacam-se a consulta, pesquisa, empréstimo, serviços de referência e atividades de extensão, que ultrapassam os limites do espaço físico da biblioteca.

Funções da biblioteca

Reunião	Seleção
	Aquisição
	Registro
	Conservação
Organização	Classificação
	Catalogação
	Preparação para arquivamento
Difusão	Consulta
	Pesquisa
	Referência
	Extensão

1.2 Histórico

A biblioteca mais antiga de que se tem notícia pertencia ao rei Assurbanipal (séc. VII a.C.). Grande número de escritos pertencentes a essa biblioteca, registrados em placas de argila, foi descoberto pelos arqueólogos há algum tempo.

Porém, a maior e mais famosa biblioteca da Antiguidade foi a de Alexandria, no Egito, que data do século IV a.C. Ela possuía entre 40 mil e 60 mil manuscritos, em rolos de papiro.

As bibliotecas romanas, gregas e egípcias da Idade Antiga estavam disponíveis apenas aos reis e sacerdotes, únicos que sabiam ler e escrever. Os acervos eram considerados como tesouros, depósitos, museus...

Com o advento da imprensa, as bibliotecas deixaram de ter a função principal de guarda e se tornaram serviços e o valor material do livro foi diminuindo à medida que ele foi sendo utilizado como material consumível.

As Revoluções Francesa e Industrial desenvolveram importante papel no sentido de que o acesso ao livro não ficasse restrito aos nobres, mas fosse permitido à maioria das pessoas.

A nova biblioteca passa a ter uma função social e educativa, beneficiando todos os indivíduos sem distinção de sexo, idade, cor, raça e religião.

Em artigo publicado no *Reformador* de agosto de 1992, com o título *Biblioteca de obras raras: memória presente*, registramos que as

> [...] bibliotecas possuem o papel de acumular os incontáveis dados contidos em numerosas obras que vão compondo seus acervos. Mais que um depósito — como se entendia no passado, quando o bibliotecário era tido como o guardião dos livros — as bibliotecas constituem-se em recurso fundamental de organização e recuperação informacional, possibilitando o acesso aos registros contidos nesses documentos.

Atualmente, assistimos a um processo de transformação do mundo, em níveis científico e tecnológico, social, cultural e espiritual.

A humanidade precisa acessar os conhecimentos que, ao longo do tempo, foram constituindo as bibliotecas.

Na era do conhecimento, com a Internet a unir os homens dos diversos pontos do planeta, torna-se indispensável organizar esse acervo de conhecimentos, alimentando e disponibilizando as informações por meio dessa rede mundial de infinitas interações.

Não obstante as céleres mutações científicas e tecnológicas que presenciamos e, considerando que dentro de algumas décadas o formato do livro poderá ser totalmente eletrônico, não podemos prescindir da sua existência e importância.

Desde os primeiros registros da Antiguidade, em tabletes de pedra, o livro vem promovendo o desenvolvimento cultural das sociedades que se substituíram umas às outras.

O livro é parte integrante da biblioteca. Eles estão intimamente relacionados, de maneira que é praticamente impossível, por enquanto, tratar de biblioteca, sem considerar o livro.

Todavia, ao se planejar a organização de uma biblioteca espírita, não se deve esquecer dos produtos apresentados em variadas mídias, sobretudo a que registra o conteúdo informacional em formato eletrônico e digital, nos suportes documentais de audiovisual. Inserem-se nesse contexto os *audiobooks*, *dvd books* e *e-books* (livros gravados com som, imagem e eletrônicos).

2
ACERVO DOCUMENTAL

A literatura espírita, brasileira já ultrapassa o expressivo quantitativo de 5 mil títulos, em nos referindo apenas aos livros. Os periódicos totalizam mais de duas centenas de títulos.

Esse considerável volume de documentos demonstra o quanto a divulgação do Espiritismo está crescendo no Brasil e como é importante a organização de bibliotecas nos Centros Espíritas, a fim de proporcionar as informações espíritas a todos os interessados, sejam espiritistas ou simpatizantes, curiosos e mesmo descrentes.

2.1 Conceito de documento

Citamos nas referências, que figura no final desta publicação, três obras — *Arquivo: teoria & prática*; *Auxiliar de biblioteca* e *A importância da informação e do documento na administração pública brasileira* — que definem, respectivamente, o documento como:

- registro de uma informação independentemente da natureza que a contém;
- informação fixada materialmente e suscetível de ser utilizada para estudo, consulta ou prova;

- registro e objeto de informação apresentado em forma manuscrita, impressa, visual, auditiva, tátil, eletrônica ou combinada, que pode ser utilizado e preservado através do tempo.

Pelas definições mencionadas, podemos entender o documento como o suporte físico da informação.

2.2 Tipos de documentos que constituem o acervo da biblioteca

Os livros, folhetos (publicações não periódicas contendo no mínimo cinco e no máximo 48 páginas, excluídas as capas) e periódicos (jornais e revistas), — sejam impressos, eletrônicos ou digitais — representam os principais documentos que farão parte de uma biblioteca. Mas, além deles, outros tipos de materiais podem compor o acervo como, por exemplo:

- atlas, globos e mapas;
- desenhos, gráficos, gravuras e plantas;
- discos e partituras;
- filmes e microfilmes;
- fitas magnéticas e microfitas;
- fotocópias;
- fotografias e eslaides;
- separatas.

Todas essas tipologias documentais são importantes ao acervo de uma biblioteca. Existem algumas bibliotecas que possuem acervos, cujos documentos são registrados em suportes especiais, merecendo tratamento específico para sua identificação, organização e disponibilização.

De qualquer maneira, seja qual for o suporte em que se apresente o documento, ele só fará parte do acervo da biblioteca após ter sido selecionado como importante para sua composição.

3
SELEÇÃO

A definição dos documentos que irão compor o acervo é uma etapa fundamental na organização de uma biblioteca. Para isso, é necessário que estabeleçamos alguns critérios, não com vistas à censura, mas à delimitação do universo com o qual trabalharemos.

3.1 Critérios de seleção

Por se tratar de uma biblioteca especializada em Espiritismo, as obras naturalmente deverão:

- ser espíritas, isto é, fundamentadas nos ensinos da Doutrina codificada por Allan Kardec;
- ser mediúnicas ou redigidas por encarnados, estudiosos do Espiritismo;
- contemplar simultânea ou isoladamente os aspectos científico, filosófico e religioso da Doutrina Espírita;
- propiciar ao leitor o conhecimento dos princípios espíritas, estimulando-o à reforma íntima;
- apresentar a realidade espiritual que nos aguarda após a desencarnação;
- registrar a história do Movimento Espírita.

A seleção pode ser realizada por bibliotecários, oradores, evangelizadores, monitores do Estudo Sistematizado da Doutrina Espírita e frequentadores da Casa Espírita que estejam dispostos a colaborar nesse trabalho. É conveniente a formação de uma equipe para esse fim, que tenha como integrantes, obrigatoriamente, os responsáveis pela biblioteca e, opcionalmente, os supramencionados.

Para que a seleção seja efetuada satisfatoriamente, é indispensável que os responsáveis pelo trabalho estejam bem informados sobre os assuntos estudados à luz do Espiritismo, ou seja, possuam conhecimentos sólidos e informações atualizadas sobre o que está sendo publicado, quais os últimos lançamentos no mercado editorial e o que os jornais e revistas estão publicando acerca do lançamento de livros.

O processo de seleção é feito por meio de:

- visita a livrarias especializadas ou que contenham obras espíritas;
- consulta a catálogos de editoras;
- consulta a resumos de divulgação em periódicos e livros;
- recebimento de sugestões de colaboradores e frequentadores do Centro Espírita;
- recebimento de livros em demonstração.

A Associação de Editoras, Distribuidoras e Divulgadores do Livro Espírita (Adeler), o boletim semanal Serviço Espírita de Informação (SEI), editado pela Capemi, e o catálogo de publicações da Candeia são exemplos de fontes de consulta dos novos lançamentos.

3.2 Composição do acervo

Quais seriam, então, os documentos selecionados para constituir uma biblioteca espírita?

As chamadas obras básicas do Espiritismo (todos os livros de Allan Kardec e a *Revista espírita*) e os considerados clássicos, escritos no final do século XIX e princípio do século XX, que continuam sendo publicados pela editora da FEB, compondo o que denominaremos de literatura básica.

A biblioteca espírita será constituída, também, por obras mediúnicas (como as psicografadas por Francisco Cândido Xavier, Divaldo Pereira

Franco, além de outros médiuns) e não mediúnicas, como as redigidas por Hermínio Miranda, Martins Peralva, entre outros), subsidiárias das que trouxeram a Terceira Revelação, constituindo a literatura complementar.

As denominadas obras de referência (almanaques, catálogos, dicionários, enciclopédias, glossários, índices etc.), que são livros de consulta rápida e servem de ponto de partida para qualquer pesquisa, devem igualmente constituir o acervo. O recomendável é que esses documentos não sejam utilizados para empréstimo domiciliar, uma vez que a biblioteca precisa dispor, com agilidade, de informações que eles, por sua natureza, contêm ou indicam onde localizar.

O número de publicações espíritas classificadas como obras de referência ainda é reduzido. Porém, há uma tendência inevitável de que aumente consideravelmente em poucos anos. Dentre as existentes, publicadas pela FEB e por outras editoras, relacionamos algumas:

- Antologia do perispírito;
- Dicionário da alma;
- Dicionário enciclopédico: Espiritismo, Metapsíquica e Parapsicologia;
- Elucidações psicológicas à luz do espiritismo;
- Elucidário de evolução em dois mundos;
- Espiritismo de A a Z, O: glossário;
- Guia de fontes espíritas: índice temático e onomástico das publicações febianas;
- Índice geral das mensagens psicografadas por Francisco C. Xavier;
- Índice remissivo de O livro dos espíritos;
- Literatura espírita, A: seu estudo e sua divulgação;
- Livro espírita na FEB, O: catálogo geral;
- Orientação terapêutica à luz da psicologia espírita;
- Palavras de Emmanuel;
- Perispírito;
- Pérolas do além;
- Repositório de sabedoria;
- Revista espírita 1858–1869: índice geral;

- Vade-mécum espírita;
- Vida no mundo espiritual: estudo da obra de André Luiz, A.

Essa relação é apenas indicativa e não exaustiva. Certamente, há diversos outros títulos classificados como obras de referência na literatura espírita que podem ser utilizadas como fonte de estudo do Espiritismo.

4
AQUISIÇÃO

Os livros, folhetos e periódicos podem ser adquiridos de três formas: compra, doação e permuta. É importante a organização de um fichário físico ou eletrônico com os endereços de distribuidoras, editoras, livrarias e instituições onde se pode realizar a aquisição.

4.1 Aquisição de livros e folhetos

4.1.1 Compra

Para comprar os livros de interesse, devemos elaborar uma lista desses livros e procurar livrarias que ofereçam descontos, a fim de se aproveitar melhor os poucos recursos disponíveis, quando existentes, destinados a essa finalidade.

Ao chegarem à biblioteca, os livros deverão ser conferidos com a relação listada na nota fiscal de compra. O responsável pela biblioteca deverá verificar se todos os livros que constam da nota foram entregues e se estão em perfeito estado. Os livros que eventualmente apresentarem algum defeito deverão ser devolvidos e substituídos.

4.1.2 Doação

A doação é a oferta gratuita de documentos à biblioteca proveniente de particulares, instituições, editoras, pessoas físicas etc.

É importante ressaltar que até mesmo os livros recebidos por doação precisam ser selecionados antes de serem incorporados ao acervo da biblioteca. O doador será esclarecido de que o material passará por uma avaliação e, quando não for de interesse, poderá ser incluído em lista de duplicatas para permuta.

Caso o documento seja importante, ao ser registrado como patrimônio, recomendamos que conste a palavra doação e que o nome do doador fique próximo ao carimbo de registro.

Os responsáveis pela biblioteca devem divulgar o interesse em receber doações e promover campanhas nesse sentido.

Não nos esqueçamos de que é sempre necessário agradecer as doações recebidas.

4.1.3 Permuta

A permuta consiste na troca de livros e folhetos entre bibliotecas de diversas instituições. Serão colocados à disposição para permuta documentos sem utilidade para a instituição ou que tenham grande número de exemplares.

Neste caso, preparamos uma relação, identificando o título da obra e o nome do autor e divulgamos para outras instituições que possam se interessar pelo material. É a chamada lista de duplicatas, que objetiva descartar documentos e ampliar espaço nas estantes.

Na medida em que os Centros Espíritas forem instalando e organizando suas bibliotecas, esse procedimento pode se tornar uma saudável rotina, principalmente entre os Centros da mesma cidade ou de cidades próximas, que podem se comunicar mais facilmente.

4.2 Aquisição de periódicos

A compra e a doação de jornais e revistas são realizadas pela assinatura dos periódicos correspondentes a determinado ano.

Podem ocorrer também doações de números avulsos que serão, como todos os demais documentos, submetidos ao processo de seleção.

A preparação de listas de duplicatas, caso a biblioteca disponha de periódicos para descarte, é feita pela indicação do título do jornal ou revista, além do volume, número e data (ano e mês) do mesmo.

De repente, você está diante de um amontoado de documentos empilhados, encaixotados, espalhados, desorganizados...

Calma! Não se desespere! Nem evoque os espíritos para resolverem o problema!

Respire fundo e anime-se com a leitura deste manual. Ele é simples, de fácil entendimento e vai ajudá-lo na organização de sua biblioteca.

5
ORGANIZAÇÃO DE PERIÓDICOS

Periódicos são publicações editadas em série contínua, sob um mesmo título, a intervalos regulares ou irregulares, por tempo indeterminado, sendo os números da série datados ou numerados consecutivamente.

As publicações periódicas mais conhecidas são os jornais e revistas.

Quando há documentos acumulados, sugerimos que a organização seja iniciada pela separação dos tipos de documentos: livros/folhetos, periódicos e outros.

Em seguida, comecemos a organizar os periódicos. É mais fácil e rápido.

5.1 Registro

Os jornais, revistas, boletins, anuários e outros tipos de periódicos receberão o carimbo de identificação da biblioteca. Explicações sobre esse carimbo são encontradas no capítulo seguinte. Porém, não necessitarão de um carimbo de registro como os adotados para livros e folhetos.

Tradicionalmente, as bibliotecas utilizam um fichário denominado "kardex" (não confundir com Kardec — risos), destinado às anotações dos dados referentes ao periódico: título, editor, periodicidade, forma de aquisição e os campos para registro do volume e número correspondentes a determinado ano.

Como a coleção de periódicos de uma biblioteca espírita é, geralmente, pequena, recomendamos a utilização de fichas soltas, com dimensões aproximadas de 21cmx13cm, conforme modelo da página seguinte.

Cada ficha registrará o título do periódico, podendo ser usada a frente e o verso para o mesmo título. Se necessário, utilizaremos mais de um ficha para o mesmo periódico.

As fichas serão arquivadas em fichários, pastas suspensas ou pastas simples, em ordem alfabética dos títulos.

Outra alternativa é adaptar caixas de calçados para este fim. "A necessidade é a mãe da criatividade."

5.2 Arquivamento

A colocação dos periódicos nas estantes obedece ao mesmo critério de arquivamento das fichas: a ordem alfabética dos títulos.

A estante é composta por prateleiras nas quais serão colocados os documentos. Dentro de cada título, a sequência será cronológica: ano, volume, mês, semana, dia. A periodicidade mais comum é a mensal.

Na prateleira, arquivamos os periódicos sempre da esquerda para direita, nunca ao contrário.

Para saber se a biblioteca possui ou não determinada revista ou jornal basta pesquisar no fichário ou diretamente na estante, pela ordem alfabética. Não há mistério.

EXEMPLO DE FICHA

FEB / DIJ - BIBLIOTECA

TÍTULO	Reformador					IDIOMA				Português		
ENTIDADE	Federação Espírita Brasileira					ORIGEM				Doação		
ENDEREÇO	FEB					PERIODICIDADE				Mensal		
ASSINATURA COM	Rua Sousa Valente, 17 CEP 20941-040 Rio de Janeiro (RJ)											
OBSERVAÇÕES												

ANO	VOL.	JAN.	FEV.	MAR.	ABR.	MAI.	JUN.	VOL.	JUL.	AGO.	SET.	OUT.	NOV.	DEZ.	ÍNDICE	OBS.
1993	111	1996	1967	1968	1969	1970	1971	111	1972	1973	1974	1975	1976	1977		
1994	112	1978	1979	1980	1981	1982	1983	112	1984	1985	1986	1987	1988	1989		
1995	113	1990	1991	1992	1992	1994	1995	113	1996							
*																
*																
*																
2013	131															

6
ORGANIZAÇÃO DE LIVROS E FOLHETOS

O livro é uma reunião de folhas ou cadernos, soltos, costurados ou presos por qualquer outra forma em um dos lados, montados em uma capa.

Ele tem em suas folhas registrado o texto, cujo assunto varia de acordo com a determinação do autor.

Suas principais partes são:

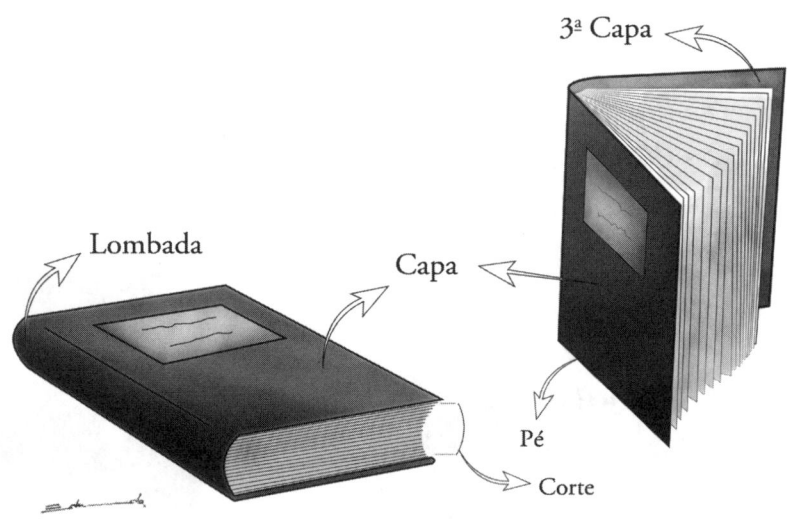

Muitos livros possuem em primeiro lugar uma folha branca sem conter nenhuma inscrição; essa folha é chamada de *guarda*. Após, encontraremos uma outra que contém, sobre o centro, gravado apenas o título da obra; é a *falsa folha de rosto*. Segue-se após, uma folha onde está inscrito o nome do autor, o título do livro, a editora, o ano de publicação, o local de publicação, além de outras informações – é a chamada *folha de rosto*.

O acervo de uma biblioteca é constituído, em sua maior parte, por livros e folhetos (ou opúsculos).

A organização desses documentos deve seguir cinco passos básicos, a serem dados na sequência apresentada abaixo:

- registro;
- classificação;
- catalogação;
- etiquetação ou preparação para estante;
- arquivamento.

Parece complicado à primeira vista, mas você verá como é simples desenvolver essas atividades.

Vamos conferir?

6.1 Registro

6.1.1 Definição

Registrar um livro é torná-lo propriedade da biblioteca, atribuindo um número em ordem crescente de acordo com a sua chegada.

6.1.2 Objetivo

O registro de livros e folhetos, também denominado tombamento, tem por objetivo controlar a entrada do documento no acervo da biblioteca e conferir individualidade a cada exemplar.

6.1.3 Carimbo

Devemos providenciar a confecção de um carimbo apropriado para registro dos documentos de biblioteca. Nesse carimbo, constarão os seguintes dados:

- sigla da instituição e do departamento ou setor;
- a palavra biblioteca;
- número de registro;
- data.

O carimbo será retangular com dimensões aproximadas de 2,5cmx4cm.

Ex.:

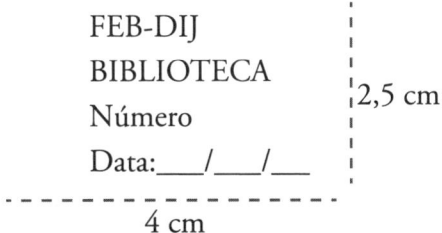

6.1.4 Localização do carimbo

O carimbo deverá figurar no verso e, de preferência, no canto inferior da folha de rosto, que é a fonte principal de informações que geralmente apresenta os seguintes dados: autor, título, subtítulo quando houver, local de publicação, editora e data de publicação.

6.1.5 Número de registro

A numeração que preencherá o campo especificado no carimbo será sequencial crescente dentro de cada ano. Ao se iniciar novo ano, a numeração será reiniciada.

6.1.6 Data de registro

A data constará de dia, mês e ano em que o registro foi efetuado.

Ex.:

25/1/2009

Essa data não se refere à publicação da obra, mas ao dia em que o registro foi realizado.

6.1.7 Livro de registro

Para efeito de controle da numeração dos exemplares já registrados, é necessário anotarmos os dados relativos ao tombamento em um livro de registro. Esse livro é semelhante aos utilizados para o registro de datas, encontrado facilmente em papelarias.

Devemos preencher os campos abaixo especificados nesse livro:

- data de registro;
- número de registro;
- título;
- autor;
- editora;
- número da edição (opcional);
- data de publicação (opcional).

O registro também pode ser efetuado em formulários ou planilhas com os campos mencionados ou em computador por meio da estruturação de uma base de dados para este fim.

No capítulo dedicado à informatização, verificaremos que a classificação e impressão das etiquetas poderão ser geradas a partir da base de dados criada para o registro.

Portanto, se você dispõe de equipamentos (um computador já é bom começo) para a realização do trabalho, consulte o capítulo 9.

6.1.8 Carimbo de identificação

Além do carimbo de registro, é necessário confeccionar outro carimbo para identificação do livro como propriedade da biblioteca. Nesse carimbo, constarão a sigla da instituição e a palavra biblioteca, com dimensões aproximadas de 1cmx6cm, a ser afixado no corte do livro — onde será facilmente visualizado — e em páginas do mesmo predeterminadas.

Há bibliotecas que colocam o carimbo de identificação na página 31 de todos os livros, por exemplo. Outras preferem colocá-lo na primeira e na última página. O mais importante é que o carimbo seja afixado no canto inferior direito da(s) página(s) escolhida(s) para facilitar sua visualização.

Ex.:

FEB — BIBLIOTECA

E, por falar em carimbos... Fique tranquilo, não há mais nenhum. Convém agora, anotar o que chamaremos ao final de cada item de:

Pontos fundamentais

- Cada exemplar receberá um número específico. Assim, dois livros com o mesmo título receberão dois registros. Daí o caráter de individualidade que o registro confere a cada exemplar.

- Há dois carimbos: um de registro que será localizado no verso da folha de rosto, no canto inferior esquerdo; outro de identificação a ser afixado no corte do livro e em página(s) predeterminada(s), no canto inferior direito. É isso mesmo que você está pensando. O primeiro é para ficar escondido, por representar um controle interno da biblioteca; o segundo, é para ser facilmente percebido, a fim de que todos saibam a quem o livro pertence.

- Executar o trabalho por meio computadorizado é mais fácil e mais rápido. Se você dispuser de um microcomputador e de pessoa habilitada para a sua utilização (Você mesmo? Ótimo!), o caminho será encurtado. Nesse caso, consulte o capítulo 9, que trata da informatização.

6.2 Classificação

O plano de classificação para livros e folhetos apresentado a seguir é diferente de tudo que se usa tradicionalmente nas bibliotecas, geralmente Classificação Decimal de Dewey (CDD) e Classificação Decimal Universal (CDU).

Nesse manual, propomos a utilização de um novo sistema para bibliotecas de pequeno porte, como geralmente são as dos Centros Espíritas. Trata-se do sistema de Classificação Decimal Espírita (CDE), que foi especialmente elaborado para bibliotecas de acervos especializados em Espiritismo. Ele é destinado à classificação de livros e folhetos com o objetivo de possibilitar o desenvolvimento do trabalho de classificação com eficácia e rapidez, facilitando o acesso e a recuperação dos documentos classificados.

A estrutura da classificação permite a expansão de classes e subclasses, de detalhamentos e subdetalhamentos. Notamos, assim, que o sistema não é hermético, nem está completo, mas pode ser ampliado à medida que for necessário.

A expansão do sistema é realizada pelo preenchimento das classes vagas existentes na tabela. Há várias classes vagas que podem ser preenchidas para desenvolver satisfatoriamente o processo de classificação.

A nossa intenção ao apresentar um sistema como esse é a de oferecer alguns elementos iniciais que facilitem a ampliação da tabela, de acordo com a realidade e necessidade de cada equipe que irá adotar as diretrizes estabelecidas nesse tópico.

6.2.1 Estrutura

Para composição da classificação, serão utilizados os elementos relacionados a seguir.

6.2.1.1 Código numérico

00.00.00 – número principal que identifica o assunto — a ser registrado, com os demais elementos da classificação, na lombada do livro/folheto e ao lado do carimbo de registro do documento; será sempre constituído de seis dígitos decimais, separados, a cada dois, por ponto.

O número nunca terá menos nem mais que seis dígitos.

Exemplificando:

80.00.00 – Literatura
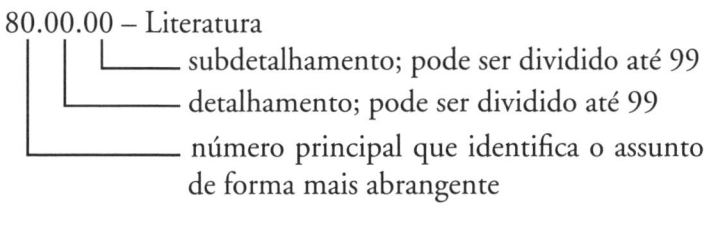
└── subdetalhamento; pode ser dividido até 99
└── detalhamento; pode ser dividido até 99
└── número principal que identifica o assunto de forma mais abrangente

80.01.00
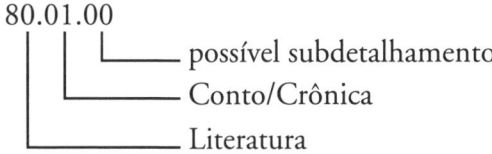
└── possível subdetalhamento
└── Conto/Crônica
└── Literatura

80.02.00
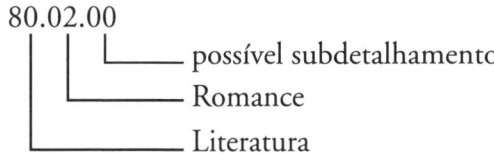
└── possível subdetalhamento
└── Romance
└── Literatura

80.03.00
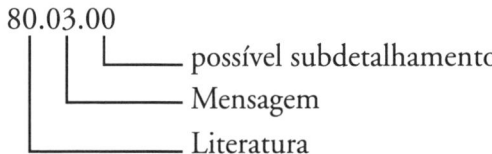
└── possível subdetalhamento
└── Mensagem
└── Literatura

80.04.00
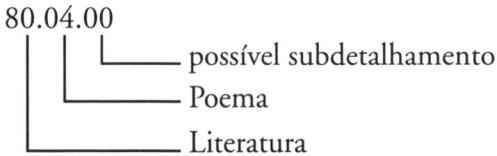
└── possível subdetalhamento
└── Poema
└── Literatura

Este sistema estabelece a classificação por tipo de documento nas subclasses 00.05.00 e 00.06.00 e nas classes 40.00.00 e 50.00.00.

Vejamos alguns exemplos:

00.05.04
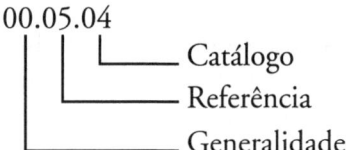
└── Catálogo
└── Referência
└── Generalidade

00.05.05
└── Dicionário
    └── Referência
        └── Generalidade

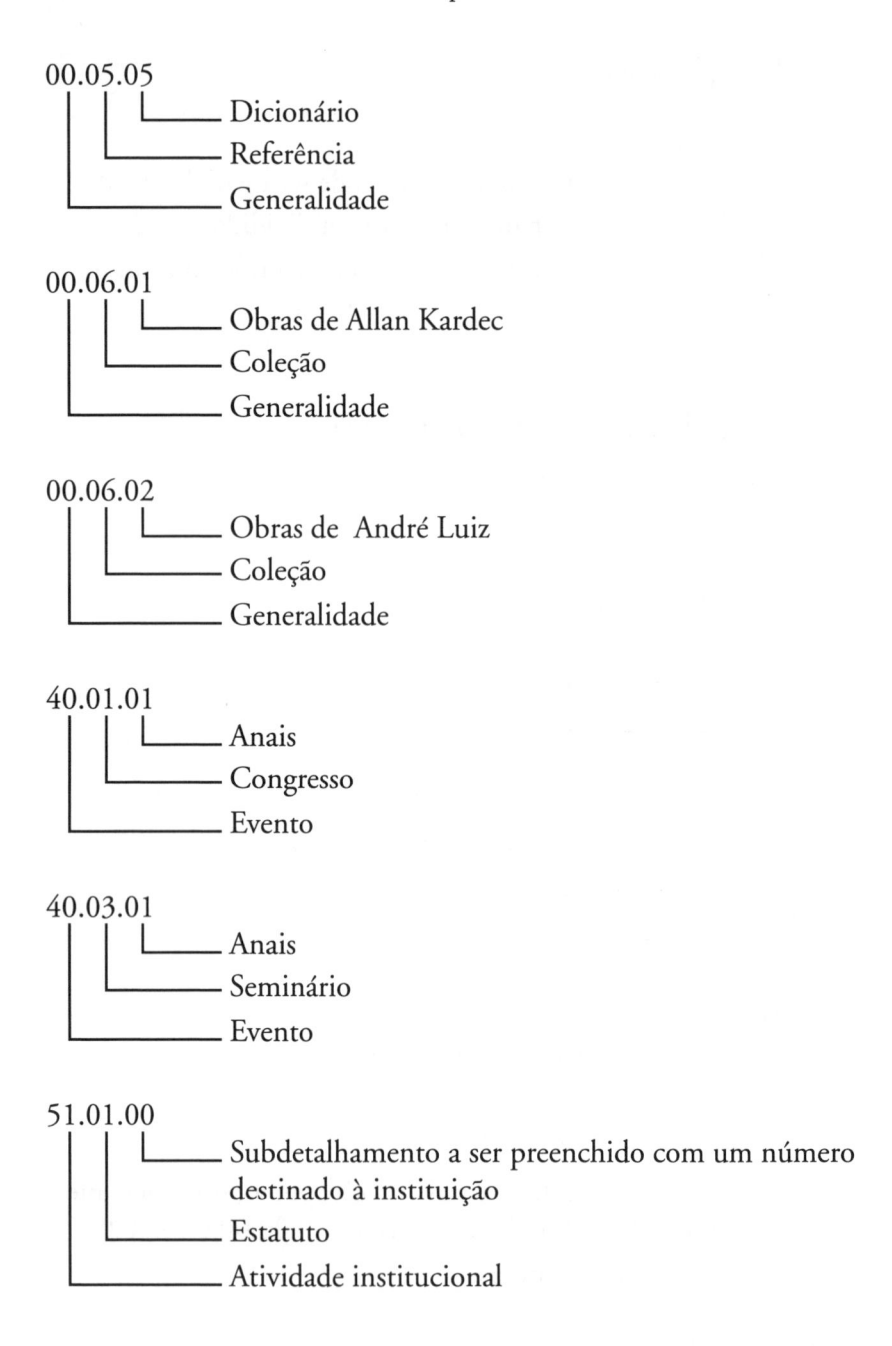

00.06.01
└── Obras de Allan Kardec
    └── Coleção
        └── Generalidade

00.06.02
└── Obras de André Luiz
    └── Coleção
        └── Generalidade

40.01.01
└── Anais
    └── Congresso
        └── Evento

40.03.01
└── Anais
    └── Seminário
        └── Evento

51.01.00
└── Subdetalhamento a ser preenchido com um número destinado à instituição
    └── Estatuto
        └── Atividade institucional

Nesse caso, os dois dígitos finais serão utilizados para a identificação de instituição. Dessa forma, cada instituição será identificada por um número específico. O registro desses números pode ser feito na própria tabela, na medida em que for necessário.

Exemplificando:

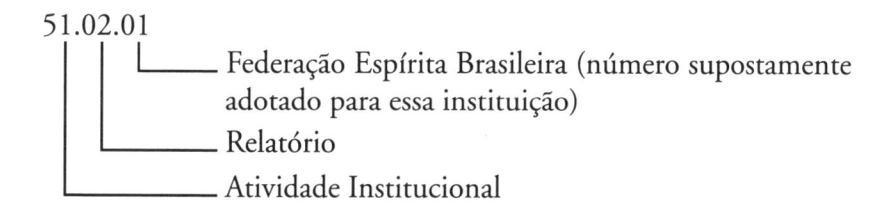

51.02.01
    └──── Federação Espírita Brasileira (número supostamente adotado para essa instituição)
   └──── Relatório
  └──── Atividade Institucional

6.2.1.2 Iniciais de autor e título

XX yy – letras que identificam o nome do autor e o título do documento. As duas primeiras letras serão em maiúsculas e, as duas últimas, em minúsculas. Serão utilizadas apenas duas letras para o autor e duas para o título.

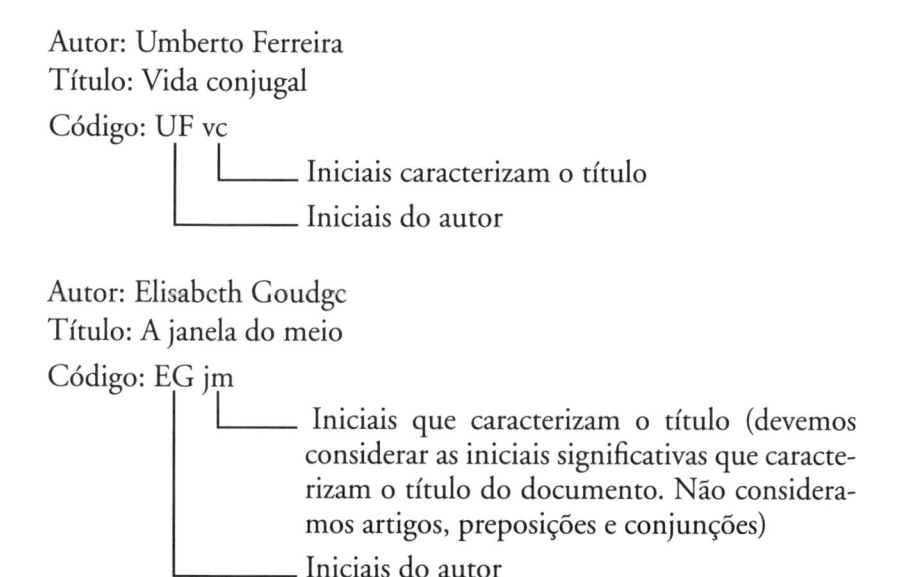

Exemplificando:

Autor: Umberto Ferreira
Título: Vida conjugal
Código: UF vc
      └──── Iniciais caracterizam o título
   └──── Iniciais do autor

Autor: Elisabeth Goudge
Título: A janela do meio
Código: EG jm
      └──── Iniciais que caracterizam o título (devemos considerar as iniciais significativas que caracterizam o título do documento. Não consideramos artigos, preposições e conjunções)
   └──── Iniciais do autor

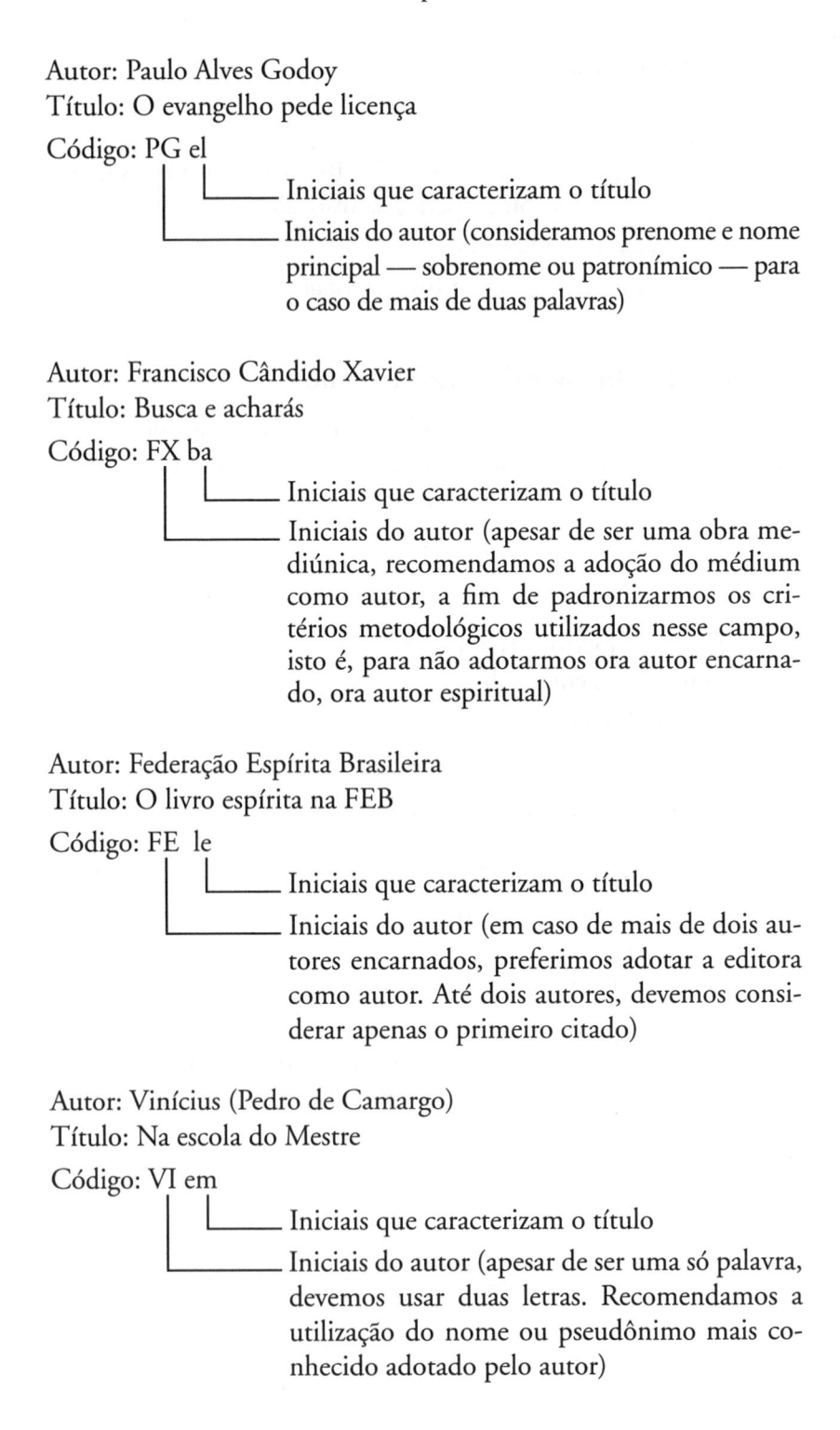

Autor: Paulo Alves Godoy
Título: O evangelho pede licença
Código: PG el
       └── Iniciais que caracterizam o título
    └────── Iniciais do autor (consideramos prenome e nome principal — sobrenome ou patronímico — para o caso de mais de duas palavras)

Autor: Francisco Cândido Xavier
Título: Busca e acharás
Código: FX ba
       └── Iniciais que caracterizam o título
    └────── Iniciais do autor (apesar de ser uma obra mediúnica, recomendamos a adoção do médium como autor, a fim de padronizarmos os critérios metodológicos utilizados nesse campo, isto é, para não adotarmos ora autor encarnado, ora autor espiritual)

Autor: Federação Espírita Brasileira
Título: O livro espírita na FEB
Código: FE le
       └── Iniciais que caracterizam o título
    └────── Iniciais do autor (em caso de mais de dois autores encarnados, preferimos adotar a editora como autor. Até dois autores, devemos considerar apenas o primeiro citado)

Autor: Vinícius (Pedro de Camargo)
Título: Na escola do Mestre
Código: VI em
       └── Iniciais que caracterizam o título
    └────── Iniciais do autor (apesar de ser uma só palavra, devemos usar duas letras. Recomendamos a utilização do nome ou pseudônimo mais conhecido adotado pelo autor)

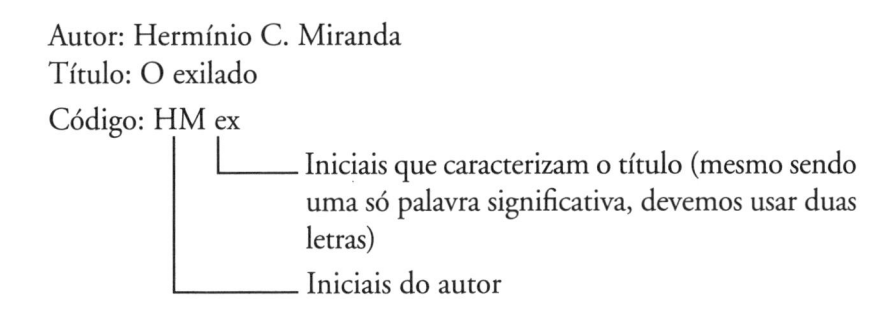

Autor: Hermínio C. Miranda
Título: O exilado
Código: HM ex
          └─── Iniciais que caracterizam o título (mesmo sendo uma só palavra significativa, devemos usar duas letras)
        └─── Iniciais do autor

6.2.1.3 Ano

Há casos em que é necessário constar o ano no código de classificação por ser este o único elemento de distinção. Devemos usá-lo para estatutos, relatórios etc.

Exemplificando:

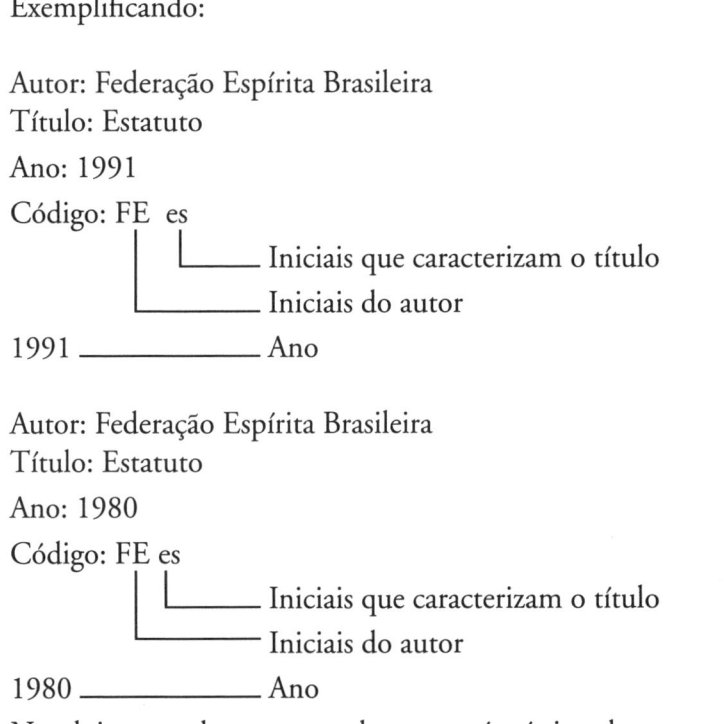

Autor: Federação Espírita Brasileira
Título: Estatuto
Ano: 1991
Código: FE es
          └─── Iniciais que caracterizam o título
        └─── Iniciais do autor
1991 ─────── Ano

Autor: Federação Espírita Brasileira
Título: Estatuto
Ano: 1980
Código: FE es
          └─── Iniciais que caracterizam o título
        └─── Iniciais do autor
1980 ─────── Ano

Nos dois exemplos apresentados, o ano é o único elemento que varia na classificação, sendo obrigatória a sua presença.

6.2.1.4 Número do volume

Para documentos constituídos por mais de um volume, será necessário fazer constar o número deste.

Por exemplo:

Autor: José Jorge
Título: Índice remissivo de O livro dos espíritos — 3 volumes
Código: JJ ir
└─── Iniciais que caracterizam o título
└─── Iniciais do autor

v. 1 – Especificação do número do volume
v. 2 – Especificação do número do volume
v. 3 – Especificação do número do volume

6.2.1.5 Número do exemplar

Esse número será obrigatório, mesmo que conste apenas um exemplar do documento no acervo da biblioteca. Deverá figurar como último elemento da classificação.

Exemplificando:

Autor: J. Herculano Pires
Título: Pedagogia espírita
Código: 60.00.00 – Educação
HP pe
└─── Iniciais que caracterizam o título
└─── Iniciais do autor
e. 1 – Especificação do número do exemplar

Anotemos os pontos fundamentais

- A classificação será constituída de três elementos no mínimo (código numérico; iniciais de autor e título; número do exemplar) e de cinco elementos no máximo (quando acrescentados ano e número do volume).

- Os elementos "ano" e "número do volume" nem sempre estarão representados na classificação. Eles aparecerão somente quando necessário.
- A sequência para composição da classificação é: código numérico; iniciais de autor e título; ano (quando necessário); número do volume (quando necessário); número do exemplar.
- Os números do volume e do exemplar devem ser registrados da seguinte forma: v. 1, v. 2...v. 6; e.1, e. 2...e. 5.
- Para as obras mediúnicas, na classificação, o médium será considerado autor.
- Quando a obra tiver dois autores, devemos adotar o primeiro citado. Em caso de mais de dois autores, usaremos a editora como autor.
- Não há necessidade de controlar as iniciais de autor e título com a preocupação de possível coincidência entre a classificação de duas obras. Essa possibilidade é remota, além de existir o código numérico que representa outro elemento diferenciador. Porém, caso haja coincidência total na classificação, podemos alternar as posições das letras que compõem o título, estabelecendo a diferenciação necessária.
- É importante adotar sempre as mesmas iniciais para o mesmo autor, ou seja, não podemos usar, por exemplo, para Francisco Cândido Xavier FX e CX ao mesmo tempo. Ao definirmos as iniciais do autor a serem adotadas, precisamos utilizá-las sempre. Pelas regras aqui estabelecidas, o controle será realizado automaticamente.

Já sei. Você deve estar pensando que complicou tudo. À primeira vista, parece que os dois últimos pontos são contraditórios, não é? Parecem... mas não são. Vejamos o porquê: o penúltimo ponto refere-se à possível coincidência total entre a classificação de dois documentos. O último, trata da padronização que deve ser adotada para o mesmo autor.

Caso contrário, a nossa classificação correria o risco de transformar-se em uma salada de frutas.

Vamos, então, à relação que apresenta o plano básico de classificação para livros e folhetos.

6.2.2 Classificação Decimal Espírita (CDE)

00.00.00 – GENERALIDADE
10.00.00 – FILOSOFIA
20.00.00 – RELIGIÃO
30.00.00 – CIÊNCIA
40.00.00 – EVENTO
50.00.00 – MOVIMENTO ESPÍRITA
60.00.00 – EDUCAÇÃO
70.00.00 – ARTE. COMUNICAÇÃO
80.00.00 – LITERATURA
90.00.00 – HISTÓRIA. BIOGRAFIA

6.2.2.1 Classes

00.00.00 – GENERALIDADE
  00.05.00 – REFERÊNCIA
    00.05.01 – Almanaque
    00.05.02 – Atlas
    00.05.03 – Bibliografia

00.05.04 – Catálogo
00.05.05 – Dicionário. Glossário
00.05.06 – Enciclopédia
00.05.07 – Guia. Manual
00.05.08 – Repertório. Inventário. Diretório
00.05.09 – Índice. Vocabulário. Tesauro
00.06.00 – COLEÇÃO
00.06.01 – Obras de Allan Kardec
00.06.02 – Coleção André Luiz
00.06.03 – Série Psicológica Joanna de Ângelis

10.00.00 – FILOSOFIA

20.00.00 – RELIGIÃO
20.01.00 – Vida de Jesus
20.02.00 – Jesus e os Apóstolos
20.03.00 – Estudo dos Evangelhos
20.03.01 – Parábolas Evangélicas
20.04.00 – Cristianismo

30.00.00 – CIÊNCIA
30.01.00 – Sobrevivência, natureza do mundo espiritual e vida após a morte
30.02.00 – Reencarnação
30.03.00 – Mediunidade
30.03.01 – Fenômeno mediúnico específico
30.03.02 – Animismo
30.03.03 – Fluidoterapia. Tratamento
30.03.04 – Reunião mediúnica
30.04.00 – Projeção astral (experiência fora do corpo)
30.05.00 – Sonhos e mistérios
30.06.00 – Metapsíquica
30.07.00 – Parapsicologia
30.08.00 – Hipnotismo

40.00.00 – EVENTO
    40.01.00 – Congresso
        40.01.01 – Anais
    40.02.00 – Encontro
        40.02.01 – Anais
    40.03.00 – Seminário
        40.03.01 – Anais
    40.04.00 – Curso

50.00.00 – MOVIMENTO ESPÍRITA
    50.01.00 – Orientação. Manual
        50.01.01 – Centro Espírita
        50.01.02 – Serviço de Assistência e Promoção Social
        50.01.03 – Biblioteca espírita
    50.02.00 – Campanha
        50.02.01 – Em Defesa da Vida
        50.02.02 – Viver em Família
        50.02.03 – Construamos a Paz, promovendo o Bem!
        50.02.04 – Paz no lar, Paz na humanidade

51.00.00 – ATIVIDADES INSTITUCIONAIS
    51.01.00 – Estatuto
    51.02.00 – Relatório
    51.03.00 – Plano de Ação. Plano de Trabalho. Planejamento
    51.04.00 – Projeto

52.00.00 – MOVIMENTO ESPÍRITA NO EXTERIOR

60.00.00 – EDUCAÇÃO
    60.01.00 – Evangelização Espírita Infantojuvenil
    60.02.00 – Estudo Sistematizado da Doutrina Espírita
    60.03.00 – Estudo e Educação da Mediunidade
    60.04.00 – Estudo Aprofundado do Espiritismo
    60.05.00 – Material de Apoio
    60.06.00 – Meio Ambiente. Ecologia. Sustentabilidade

70.00.00 – ARTE. COMUNICAÇÃO
    70.01.00 – Música
    70.02.00 – Teatro
    70.03.00 – Cinema
    70.04.00 – Televisão
    70.05.00 – Rádio
    70.06.00 – Imprensa
    70.07.00 – Internet

80.00.00 – LITERATURA
    80.01.00 – Conto. Crônica
    80.02.00 – Romance
    80.03.00 – Mensagem
    80.04.00 – Poema

81.00.00 – LITERATURA INFANTIL

82.00.00 – LITERATURA JUVENIL

85.00.00 – LITERATURA EM OUTROS IDIOMAS
    85.01.00 – Esperanto
    85.02.00 – Espanhol
    85.03.00 – Francês
    85.04.00 – Inglês
    85.05.00 – Alemão
    85.06.00 – Italiano
    85.07.00 – Russo
    85.08.00 – Húngaro

90.00.00 – HISTÓRIA. BIOGRAFIA
    90.01.00 – História
    90.02.00 – Biografia

91.00.00 – ENTREVISTA

O tempo que você utilizará para classificar cada documento será de aproximadamente... Um minuto.

Para facilitar ainda mais o seu trabalho, apresentamos a seguir a relação de publicações da FEB, com os respectivos códigos numéricos de classificação. Confira!

6.2.3 Códigos numéricos de classificação para as publicações da FEB

00.00.00 – GENERALIDADE

00.05.00 – REFERÊNCIA
- Palavras de Emmanuel

00.05.04 – CATÁLOGO
- Catálogo geral de publicações da FEB
- Livro espírita na FEB, O
- Sinopse de livros espíritas

00.05.05 – DICIONÁRIO
- Dicionário completo esperanto-português
- Dicionário da alma
- Dicionário esperanto-português
- Espiritismo de A a Z, O: glossário
- Pérolas do além
- Novo dicionário português-esperanto.

00.05.08 – REPERTÓRIO. INVENTÁRIO. DIRETÓRIO
- Vida no mundo espiritual: estudo da obra de André Luiz, A

00.05.09 – ÍNDICE. VOCABULÁRIO. TESAURO
- Guia de fontes espíritas: índice temático e onomástico
- Revista espírita 1858–1869: índice geral
- Vocabulário histórico-geográfico dos romances de Emmanuel

00.06.00 – COLEÇÃO

00.06.01 – OBRAS DE ALLAN KARDEC
- Céu e o inferno, O
- Espiritismo na sua expressão mais simples, O

- Evangelho segundo o espiritismo, O
- Gênese, A
- Instruções de Allan Kardec ao movimento espírita
- Instrução prática sobre as manifestações espíritas
- Livro dos espíritos, O
- Livro dos médiuns, O
- Obras póstumas
- Prece, A
- Que é o espiritismo, O
- Viagem espírita em 1862 e outras viagens

00.06.02 – COLEÇÃO ANDRÉ LUIZ (volumes 1 a 16)

- Nosso Lar
- Mensageiros, Os
- Missionários da luz
- Obreiros da vida eterna
- Mundo maior, No
- Agenda cristã
- Libertação
- Terra e o céu, Entre a
- Domínios da mediunidade, Nos
- Ação e reação
- Evolução em dois mundos
- Mecanismos da mediunidade
- Conduta espírita
- Sexo e destino
- Desobsessão
- Vida continua..., E a

10.00.00 – FILOSOFIA
- ABC ao infinito, Do – 4 v.
- Além e a sobrevivência do ser, O
- Análises espíritas
- Carta de Bezerra de Menezes, Uma
- Depois da morte
- Dizem o espíritos sobre o aborto, O que
- Ensinos espiritualistas
- Espiritismo: uma nova era
- Espiritismo básico
- Espiritismo passo a passo com Kardec
- Filosofia social espírita
- Grande enigma, O
- Genealogia do espírito
- Grandes e pequenos problemas
- Impermanência e imortalidade
- Margem do espiritismo, À
- Martírio dos suicidas, O
- Nova luz, A
- Nova revelação, A
- Páginas de Léon Denis
- Pensamento de Emmanuel, O
- Porquê da vida, O
- Problema do ser, do destino e da dor, O
- Região em litígio: entre este mundo e o outro
- Rumos doutrinários
- Sete esferas da Terra, As
- Temas da vida e da morte
- Vida além do véu, A
- Voz do antigo Egito, A

20.00.00 – RELIGIÃO
- Novo testamento, O

20.01.00 – VIDA DE JESUS
- Cristo de Deus, O
- Elos doutrinários
- Irmãos de Jesus
- Jesus nem Deus nem homem
- Jesus perante a cristandade
- Personalidade de Jesus, A
- Vida de Jesus

20.02.00 – JESUS E OS APÓSTOLOS
- Boa nova
- Livro de Tobias, O

20.03.00 – ESTUDO DOS EVANGELHOS
- Caminho, verdade e vida
- Candeias na noite escura
- Código do reino
- Consolador, O
- Elucidações evangélicas
- Espírito consolador, O
- Estudando o evangelho
- Fonte viva
- Lampadário espírita
- Leis morais, As
- Notações de um aprendiz
- Notícias do reino
- Páginas de espiritismo cristão
- Pão nosso

- Pegadas do mestre, Nas
- Profetas, Os
- Quatro evangelhos, Os – 4 v.
- Respiga de luz
- Seara do mestre, Na
- Sermão da montanha
- Síntese de o novo testamento
- Torno do mestre, Em
- Vinha de luz
- Voz do monte, A

20.03.01 – PARÁBOLAS EVANGÉLICAS
- Parábolas evangélicas

20.04.00 – CRISTIANISMO
- Cristianismo e espiritismo
- Emmanuel
- Marcas do Cristo, As – 2 v.
- Religião
- Roma e o evangelho

30.00.00 – CIÊNCIA
- Análise das coisas
- Bases científicas do espiritismo
- Ciência e espiritismo
- Deus na natureza
- Espiritismo à luz dos fatos, O
- Espiritismo perante a ciência, O
- Espiritismo, O
- Evolução anímica, A
- Fim do mundo, O

- Forças sexuais da alma
- Genética e espiritismo
- Pensamento e vontade
- Psiquiatria e mediunismo
- Universo e vida

30.01.00 – SOBREVIVÊNCIA, NATUREZA DO MUNDO ESPIRITUAL E VIDA APÓS A MORTE

- Alma é imortal, A
- Crise da morte, A
- Fenômenos psíquicos no momento da morte
- Invisível, No
- Limiar do etéreo, No
- Morte e o seu mistério, A – 3 v.
- Narrações do infinito
- País das sombras, No

30.02.00 – REENCARNAÇÃO

- Minha vida em outra vida
- Reencarnação, A
- Reencarnação e imortalidade

30.03.00 – MEDIUNIDADE

- Além do inconsciente
- Desconhecido e os problemas psíquicos, O – 2 v.
- Devassando o invisível
- Estudando a mediunidade
- Mediunidade e a lei, A
- Mediunidade e evolução
- Nome do amor, Em
- Psiquismo experimental, O

- Recordações da mediunidade
- Ser subconsciente, O
- Sobrevivência e comunicabilidade dos espíritos
- Sobrevivência e comunicação dos espíritos

30.03.01 – FENÔMENO MEDIÚNICO ESPECÍFICO
- Casas mal-assombradas, As
- Caso de desmaterialização, Um
- Enigmas da psicometria, Os
- Fatos espíritas
- Fenômeno espírita, O
- Levitação, A
- Trabalho dos mortos, O
- Xenoglossia

30.03.02 – ANIMISMO
- Animismo e espiritismo – 2 v.
- Animismo ou espiritismo?

30.03.03 – FLUIDOTERAPIA. TRATAMENTO
- Atendimento espiritual pelo passe, O
- Homeopatia e espiritismo
- Loucura sob novo prisma, A
- Magnetismo espiritual
- Obsessão/desobsessão
- Passe espírita, O
- Passe, O
- Visão espírita nas distonias mentais

30.03.04 – REUNIÃO MEDIÚNICA
- Diálogo com as sombras

- Sessões práticas do espiritismo, As
- Sessões práticas e doutrinárias do espiritismo, As

30.05.00 – SONHOS E MISTÉRIOS
- Profecias à premonição, Das

30.06.00 – METAPSÍQUICA
- Metapsíquica humana

30.08.00 – HIPNOTISMO
- Hipnotismo e espiritismo
- Hipnotismo e mediunidade

40.00.00 – EVENTO

40.01.00
- Terceiro Congresso Espírita Brasileiro

40.01.01
- Anais do 1º Congresso Espírita Mundial

50.00.00 – MOVIMENTO ESPÍRITA

50.01.00
- Conversa fraterna
- Manual de comunicação social espírita
- Orientação aos órgãos de unificação

50.01.01
- Dimensões espirituais do centro espírita
- Orientação ao centro espírita

50.01.02
- Conviver para amar e servir

- Manual de apoio do SAPSE (Serviço de assistência e promoção social espírita)

50.01.03
- Biblioteca espírita

50.02.01
- Aborto, não! (opúsculo)
- Drogas, não! (opúsculo)
- Eutanásia, não! (opúsculo)
- Suicídio, não! (opúsculo)
- Violência, não! (opúsculo)

50.02.02
- Aperte mais esse laço (opúsculo)
- Família, vida e paz (opúsculo)

50.02.03
- Construamos a paz, promovendo o bem! (opúsculo)

50.02.04
- Evangelho no lar e no coração, O (opúsculo)

51.01.01
- Estatuto da Federação Espírita Brasileira

60.00.00 – EDUCAÇÃO
- Filosofia espírita da educação – 5 v.
- Mestre na educação, O
- Sexo e evolução
- Vida e sexo

60.01.00
- Currículo para as escolas de evangelização espírita infantojuvenil

- Evangelização espírita da infância e da juventude na opinião dos espíritos
- Pelos caminhos da evangelização
- Sublime sementeira
- Que é a evangelização, O
- Evangelização da infância e da juventude (apostilas)

60.02.00
- Estudo sistematizado da doutrina espírita (apostilas)

60.03.00
- Estudo e prática da mediunidade – 2 v.

60.04.00
- Estudo aprofundado da doutrina espírita – 5 v.

60.05.00
- Material de apoio (apostilas)

60.06.00
- Espiritismo e desenvolvimento sustentável
- Espiritismo e ecologia

70.00.00 – ARTE

70.02.00
- Dramaturgia espírita, A

80.00.00 – LITERATURA

80.01.00 – CONTO. CRÔNICA
- Almas em desfile
- Alvorada cristã
- Amai-vos. Instruí-vos
- Anotações espíritas

- Bem-aventurados os simples
- Caminhos do amor, Os
- Cartas e crônicas
- Contos e apólogos
- Contos desta e doutra vida
- Crônicas de além-túmulo
- Crônicas de um e de outro
- Eça de Queirós, póstumo
- Espinho da insatisfação, O
- Estante da vida
- Estudos e crônicas
- Folhas de outono
- Fronteiras do além, Nas
- Gotas de otimismo e paz
- Ide e pregai
- Ideias e ilustrações
- Irmãos de outras terras, Entre
- Jesus no lar
- Lázaro redivivo
- Luz do consolador, À
- Luz acima
- Luzes do entardecer
- Maior que a vida
- Novas mensagens
- Novos tempos
- País da luz, Do – 4 v.
- Para viver a grande mensagem
- Pontos e contos
- Presente de natal, Um

- Reportagens de além-túmulo
- Ressurreição e vida
- Roteiro de Jesus, No
- Tempo de renovação
- Tempo de transição
- Vida escreve, A
- Vozes do espírito

80.02.00 – ROMANCE
- Alguém chorou por mim
- Almas crucificadas
- Almas que voltam
- Amor e ódio
- Apenas uma sombra de mulher
- Ave, Cristo!
- Barqueira do Júcar, A
- Bastidores da obsessão, Nos
- Beijo da morta, O
- Calvário ao apocalipse, Do
- Calvário ao infinito, Do
- Caminho do abismo, A
- Cavaleiro de Numiers, O
- Chanceler de ferro, O
- Cinquenta anos depois
- Dor do meu destino, A
- Dor suprema
- Drama da Bretanha, O
- Dramas da obsessão
- Entre dois mundos
- Eleonora

- Espírito das trevas, O
- Estela
- Estrada de Damasco
- Evangelho do futuro
- Expiação
- Granja do silêncio, A
- Há dois anos
- Herculânum
- História de um sonho
- Lídia
- Loucura e obsessão
- Luz no meu caminho, Uma
- Marta
- Marieta
- Memórias da loucura
- Memórias de uma alma
- Memórias de um suicida
- Memórias do padre Germano
- Mirêta
- Párias em redenção
- Paulo e Estêvão
- Pérola negra, A
- Redenção
- Renúncia
- Romance de uma rainha – 2 v.
- Rosário de coral, O
- Senda de espinhos
- Sombra e na luz, Na
- Sinal da vitória

- Sublimação
- Sublime expiação
- Telas do infinito, Nas
- Tragédia de Santa Maria, A
- Tramas do destino
- Trilhas da libertação
- Urânia
- Vingança do judeu, A
- Vítimas do preconceito
- Voltei
- Voragens do pecado, Nas
- Vozes falaram, E as

80.03.00 – MENSAGEM

- Amar e servir
- Ceifa de luz
- Coração para coração, De
- Correio entre dois mundos
- Correio fraterno
- Encontro marcado
- Espírito da verdade, O
- Estude e viva
- Estudos espíritas
- Falando à Terra
- Instruções psicofônicas
- Intimidade
- Justiça divina
- Luz no lar
- Oásis de Ismael, No
- Pensamento e vida

- Recados de amor
- Relicário de luz
- Religião dos espíritos
- Roteiro
- Rumo certo
- Seara dos médiuns
- Seareiros de volta
- Vozes do grande além

80.04.00 – POEMA
- Antologia da espiritualidade
- Antologia dos imortais
- Antologia mediúnica do Natal
- Canções do alvorecer
- Cartilha da natureza
- Centelhas de sabedoria
- 50 anos de Parnaso
- Divina epopeia, A
- Espírito de Cornélio Pires, O
- Funerais da Santa Sé, Os
- Gotas de luz
- Momentos com Jesus
- Parnaso de além-túmulo
- Poetas redivivos
- Trovadores do além
- Trovadores do outro mundo
- Volta Bocage

81.00.00 – LITERATURA INFANTIL
- Anália Franco: a benfeitora

- Antevésperas de natal
- Aprendendo a voar
- Aprendiz desapontado, O
- Árvore da maçã azul, A
- Astronauta de Konsolanto, O
- Aventura no reino da Batatinha, Uma
- Beijinho Beija-Flor
- Bellinha e a lagarta Bernadete
- Bem me quer, bem me quer
- Bom amigo, O
- Bom Louro
- Burro de carga, O
- Caminho oculto, O
- Caminho, O
- Cão salva-vidas, O
- Carneiro revoltado, O
- Cartilha do bem
- Castelo de açúcar, O
- Cavalinho de flores
- Coelhinho Mexe-Mexe, O
- Conchinha falante, A
- Cura do cego de Jericó, A
- Docemel: a abelha que não acreditava em Deus
- Dona Loba
- Dois Franciscos, Os
- Elogio da abelha, O
- Espelho do sentimento, O
- Evangelho em casa
- Evangelho aos simples

- Família espírita, A
- Filhos do grande rei, Os
- Filho pródigo, O
- Fujão, O
- Galinha afetuosa, A
- Gato Lindinho, O
- Gênio da lâmpada, O
- Gotas do tempo
- Gotinha de orvalho, A
- Grilo perneta, O
- Harpa e a galinha, A
- História de Catarina
- História de Maricota
- História de Tuco, A
- História no mundo espiritual, Uma
- História de um relógio, A
- Jardim da infância
- Juca Lambisca
- Lição inesquecível, A
- Lobo mau reencarnado, O
- Macaco conselheiro, O
- Maior brejo do mundo, O
- Menino Chico, uma história pra contar
- Menino que fazia aviões
- Mensageiro das boas notícias, O
- Mensagem do pequeno morto
- Meu avô desencarnou
- Milagres de Jesus, Os
- Mundo sem livros, Um

- Pai nosso
- Papagaio que falava latim, O
- Parábola do bom samaritano, A
- Peixinho azul, O
- Peixinho e o rio, O
- Perigo na mata
- Pica-pau e a coruja, O
- Poder da gentileza, O
- Praia do Tatuí, O
- Rainha cruel, A
- Recados do além
- Rei cansado, O
- Remédio imprevisto, O
- Rua sem nome, A
- Seara infantil
- Sementinha amarela, A
- Segredo da onça pintada, O
- Sonho fantástico, Um
- Surpresa no campo
- Tartaruguinha verde, A
- Tatu cavaleiro, O
- Timbolão
- Um por todos e todos por um
- Viagem inesquecível, Uma
- Vida fala, A – 3 v.
- Vitória de Nélio, A
- Volta às aulas
- Volta de Mariana, A

82.00.00 - LITERATURA JUVENIL

- Alegria de servir
- Fugindo para viver
- Meu primeiro amor
- Mistério da cabana, O

85.00.00 – LITERATURA EM OUTROS IDIOMAS

85.01.00 – ESPERANTO

- Ago kaj reago
- Antaŭ du mil jaroj
- Bhagavad – Gîtâ
- Ĉielo kaj la infero, La
- Diverskolora bukedeto
- Esperanto
- Esperanto-modelo
- Esperanto sem mestre
- Evangelio laŭ spiritismo, La
- Feliĉaj la simplaj
- Filigranoj el lumo
- Genezo, La
- Homeopatio kaj spiritismo
- Iŝmael Gomes Braga
- Katalogo de spiritismaj libroj en esperanto
- Kialo de l'vivo, La
- Kio estas spiritismo?
- Konsolanto, La
- Kristana agendo
- Libro de la mediumoj, La
- Libro de la spiritoj, La
- Malbona lupo reenkarniĝinta

- Mediuma poemaro
- Monumento de Carlo Bourlet
- Nia hejmo
- Ombro kaj en lumo, En
- Paŭlo kaj Stefano
- Pli granda mondo, En
- Primeiro manual de esperanto
- Sur la vojo al la lumo
- Turmentego de la memmortigintoj, La
- Voĉoj de poetoj el la spirita mondo

85.02.00 – ESPANHOL
- Evangelio según el espiritismo, El

85.03.00 – FRANCÊS
- Évangile selon le spiritisme, L'
- Imitation de l'évangile selon le spiritisme
- Livre des esprits, Le
- Procés des spirites
- Répertoire du spiritisme

85.04.00 – INGLÊS
- Big bad wolf reincarnate, The
- Mediums' book, The
- Spirits'book, The
- Wicked Queen, The

90.00.00 – HISTÓRIA. BIOGRAFIA

90.01.00 – HISTÓRIA
- Brasil, coração do mundo, pátria do evangelho
- Brasil, mais além!

- Caminho da luz, A
- Caravana da fraternidade, A
- História do espiritualismo: de Swedenborg ao início do século XX, A
- Mesas girantes e o espiritismo, As
- Paulo, um homem em Cristo
- Processo dos espíritas
- Psicografia ante os tribunais, A

90.02.00 – BIOGRAFIA
- Allan Kardec – 3 v. (2 v. nas edições mais recentes)
- Anna Prado, a mulher que falava com os mortos
- Antônio de Pádua
- Bezerra de Menezes, ontem e hoje
- Biografia de Allan Kardec
- Charles Richet, o apóstolo da ciência e o espiritismo
- Chico Xavier, o obreiro do Senhor e Castro Alves, o apóstolo da liberdade
- Depoimentos sobre Chico Xavier
- Doutor Esperanto
- Grandes espíritas do Brasil
- Grandes vultos da humanidade e o espiritismo
- Joana d'Arc, médium
- Mulheres médiuns, As
- Testemunhos de Chico Xavier
- Vida e obra de Bezerra de Menezes

91.00.00 – ENTREVISTA
- Entrevistando Allan Kardec

6.3 Catalogação

6.3.1 Definição

A catalogação é o processo técnico que descreve um documento. Para sua elaboração, é necessário o registro dos seguintes dados:

- nome do autor;
- título;
- subtítulo (quando houver);
- nome do autor espiritual (para obras mediúnicas);
- número da edição;
- local de publicação;
- editora;
- data;
- número de páginas;
- assunto.

Não se desespere! Mais à frente, citaremos exemplos de fichas catalográficas para você entender como elas são preparadas.

6.3.2 Objetivos

A catalogação permite a organização dos catálogos da biblioteca, informando se na coleção existe um documento do qual se conhece o autor, título ou assunto e mostrando todos os documentos existentes na biblioteca de determinado autor, sobre certo assunto ou de algum idioma específico.

6.3.3 Catálogos

Os catálogos funcionam como índices da coleção existente na biblioteca, e suas entradas (palavras iniciais) devem ser registradas por:

- autor;
- autor espiritual;
- título;
- assunto.

As entradas pelo autor espiritual, título e assunto são simples desdobramentos das fichas de autor, que denominaremos de principais. As fichas desdobradas são conhecidas por secundárias.

6.3.4 Tipos de catálogos

Os catálogos podem ser apresentados:

- em forma de livro impresso;
- em forma de livro de folhas soltas;
- em listagens de computador (ver capítulo sobre informatização);
- em fichas.

6.3.5 Ficha catalográfica

A ficha catalográfica é a forma de apresentação dos catálogos mais usualmente conhecida e utilizada pelas bibliotecas.

Ela possui dimensões padronizadas de 7,5cmx12,5cm sendo constituída de elementos relacionados na subseção 6.3.1.

Está na hora de esclarecermos toda esta história de catalogação, catálogos e fichas catalográficas.

Exemplo:

> Nome do autor.
> Título: subtítulo. Nome do autor espiritual.
> Nº da edição. Local de publicação: editora, data.
> Nº de páginas.
> Assunto.

Veja como é fácil catalogar uma obra espírita.

6.3.5.1 Ficha catalográfica de obra não mediúnica

> 30.00.00   Delanne, Gabriel.
> GD re   A reencarnação. 6. ed. Rio de Janeiro:
> e. 1   FEB,1987.
>   311 p.
>   CIÊNCIA

Vamos explicar, então, como os elementos da ficha devem ser registrados:

- Nome do autor: comece pelo nome principal (sobrenome). Coloque vírgula e escreva o(s) prenome(s). Lembre-se de que grau de parentesco (Filho, Júnior, Neto, Sobrinho) não são nomes principais. Caso apareça, registre-os como no exemplo: Alves Neto, Aureliano;
- Título: escreva o título do livro. Apenas a primeira letra é maiúscula, exceto em caso de nomes próprios. Ex.: Grilhões partidos, Mediunidade gloriosa, Jesus nem Deus nem homem;
- Subtítulo: anote-o em letras minúsculas, à exceção de nomes próprios. O subtítulo vem logo após o título, antecedido de dois pontos.
- Ex.: Diálogo com as sombras: teoria e prática da doutrinação;
- Número da edição: registre o número seguido de ponto e da abreviatura ed. No caso de primeira edição, não é necessária tal anotação. Fica subentendido que, quando não houver o registro, é porque se trata de primeira edição. Por favor, nada de colocar o "azinho" após o número. Exemplos: 2. ed., 3. ed., ... 10. ed.,... 89. ed. ...;

- Local de publicação: escreva o nome da cidade em que o livro foi publicado;
- Editora: coloque o nome da editora da forma mais resumida possível. Ex.: FEESP e não Federação Espírita do Estado de São Paulo; LEAL ou Alvorada e não Livraria Espírita Alvorada Editora;
- Data: registre o ano em que o livro foi publicado. Observe que é o ano correspondente à edição que está sendo catalogada;
- Número de páginas: anote o número total de páginas numeradas do documento.. Não é preciso contar as que não estão numeradas nem duplicar o "p" como se fazia antigamente. Ex.: 29 p., 340 p., 341 p.;
- Assunto: transcreva o nome da classe constante da CDE para este campo;
- Número de chamada: este elemento é novo, não é? Porém, ele já está pronto. É a própria classificação do documento. O número de chamada representa o endereço do livro na estante.

6.3.5.2 Ficha catalográfica de obra mediúnica

80.04.00	Xavier, Francisco Cândido.
FX cv	Coração e vida. Pelo Espírito
e. 1	Maria Dolores. 3. ed. São Paulo:
	IDEAL, 1983.
	125 p.
	POEMA

Os elementos que constituem a ficha catalográfica de uma obra mediúnica são os mesmos de uma obra não mediúnica. A única diferença é que, por se tratar de livro psicografado, precisamos registrar o nome do autor espiritual logo após o título ou subtítulo, quando houver.

Vale ressaltar que, nestes casos, a entrada principal deve ser feita pelo médium, a fim de mantermos o mesmo critério de entrada para os dois tipos de obras: mediúnicas e não mediúnicas.

6.3.5.3 Desdobramento de fichas catalográficas

A localização dos livros e folhetos nas estantes é bastante facilitada quando dispomos de catálogos de autor espiritual, título e assunto. Esses catálogos são elaborados pelo desdobramento da ficha principal — de autor.

Veja como é simples fazer esse desdobramento:

Ficha principal (de autor):

80.03.00	Franco, Divaldo Pereira.
DF pv	Perfis da vida. Pelo Espírito
e. 1	Guaracy Paraná Vieira. Salvador:
	LEAL, 1992.
	93 p.
	MENSAGEM

Ficha secundária (de autor espiritual):

\multicolumn{2}{c}{GUARACY PARANÁ VIEIRA}	
80.03.00	Franco, Divaldo Pereira.
DF pv	Perfis da vida. Pelo Espírito
e. 1	Guaracy Paraná Vieira. Salvador:
	LEAL, 1992.
	93 p.
	MENSAGEM

Ficha secundária (de título):

	PERFIS DA VIDA
80.03.00	Franco, Divaldo Pereira.
DF pv	Perfis da vida. Pelo Espírito
e. 1	Guaracy Paraná Vieira. Salvador:
	LEAL, 1992.
	93 p.
	MENSAGEM

Ficha secundária (de assunto):

	MENSAGEM
80.03.00	Franco, Divaldo Pereira.
DF pv	Perfis da vida. Pelo Espírito
e. 1	Guaracy Paraná Vieira. Salvador:
	LEAL, 1992.
	93 p.
MENSAGEM	

Viu como é fácil?

Você deve ter observado que a ficha principal continua sempre a mesma. A única coisa a fazer nas fichas secundárias é destacar, na parte superior da ficha, a(s) palavra(s) correspondente(s) ao autor espiritual, título ou assunto, em letras maiúsculas.

6.3.5.4 Ordenação das fichas catalográficas

O desdobramento das fichas principais vai gerar três catálogos: de autor espiritual, de título e de assunto. Cada catálogo deverá ser ordenado separadamente: os três citados e mais o gerado pela ficha principal.

O critério de ordenação das fichas catalográficas obedece à alfabetação — palavra por palavra — das entradas: autor, autor espiritual, título e assunto.

6.4 Etiquetação

O documento já foi registrado, classificado e catalogado. Pronto! Agora é só colocá-lo na estante, não é? Calma! Ainda precisamos etiquetá-lo, ou seja, colarmos na parte inferior da lombada uma etiqueta — de preferência autoadesiva — com a classificação.

Lembre-se de anotar o código de classificação ao lado do carimbo de registro, no verso da folha de rosto. Basta digitar esse código na etiqueta e afixá-lo na lombada do livro, de modo a facilitar a visualização.

Essa etiqueta possui dimensões aproximadas de 2cm x 8cm. É necessário que passemos uma fita (tipo durex incolor scoth 65mm) sobre a etiqueta para que a mesma não se descole com o tempo.

Vejamos um exemplo dessa etiqueta:

```
80.03.00
DF pv
e. 1
```

Apenas para relembrar. A classificação apresentada é constituída pelo código numérico (00.06.01), iniciais de autor e título (AKle), além do número de exemplar (e. 1).

6.5 Arquivamento

Os livros e folhetos serão arquivados nas estantes de acordo com a ordem numérica crescente das classes, observando-se a sequência: código numérico, iniciais de autor e título, ano, número do volume e número do exemplar.

Complicou?!...

Vamos simplificar.

Já dissemos que a classificação representa o endereço do documento na estante. Assim, para que o livro fique localizado corretamente, procederemos da seguinte forma:

- os códigos numéricos serão ordenados do menor para o maior, conforme a sequência das classes. Ex.: 00.00.00, 10.00.00, 20.00.00, 30.00.00, 40.00.00...;

- em cada classe, as iniciais de autor serão ordenadas alfabeticamente. Ex.: DF (Divaldo P. Franco), FEB (Federação Espírita Brasileira), FX (Francisco Cândido Xavier), HM (Hermínio C. Miranda), RC (Rodolfo Calligaris)...;

- dentro das iniciais de autor, ordenaremos alfabeticamente as iniciais de título. Ex.: Para as obras religiosas, somente considerando as publicadas pela FEB — código 20.00.00 — e psicografadas por Francisco Cândido Xavier — código FX —, a sequência será: bn (Boa nova), cv (Caminho, verdade e vida), co (O consolador), em (Emmanuel), fv (Fonte viva)...;

- os documentos, em que na classificação se faz necessário constar o "ano", serão organizados pela sequência cronológica. Ex.: Os dois últimos estatutos da FEB serão arquivados na ordem crescente: 1980 e 1991;

- os volumes de um livro serão ordenados pela sequência numérica. Ex.: v. 1, v. 2, v. 3, v. 4, v. 5...;
- os exemplares de um mesmo título também serão ordenados pela sequência numérica. Ex.: e. 1, e. 2, e. 3, e. 4, e. 5...

Com esse critério de organização, reuniremos todos os documentos de uma mesma classe, de um mesmo autor, de um mesmo título, com seus volumes e exemplares.

É importante seguir os passos conforme apresentado. O primeiro, segundo, terceiro e sexto passos (código numérico, iniciais do autor, iniciais do título e número do exemplar) serão obrigatórios. O quarto e quinto (ano e volume), somente constarão em documentos que os justificarem.

Vale lembrar que a estante é constituída de prateleiras. Os documentos serão arquivados da esquerda para direita em cada prateleira até completar a estante.

Reservar cerca de 20% de espaço em cada prateleira é medida preventiva para o natural crescimento do acervo. Portanto, não convém sobrecarregar a estante com número excessivo de documentos.

Não tente fazer o trabalho sozinho.

Forme uma equipe e desenvolva as atividades planejadas juntamente com os demais integrantes.

Você sentirá que o trabalho em equipe aumenta a produtividade e melhora a qualidade dos produtos oferecidos pela biblioteca.

7
CONSULTA E EMPRÉSTIMO

O *Manual de treinamento de pessoal responsável por biblioteca pública* orienta que o

> [...] atendimento ao leitor é a atividade mais importante a ser realizada na biblioteca. É preciso ter sempre em mente que a biblioteca existe para ser usada pelo leitor, para oferecer-lhe as informações de que necessita, os livros que deseja ler. A biblioteca é do leitor e da comunidade.

O usuário deverá receber toda atenção possível. Ao chegar à biblioteca, será bem recebido e ouvido atentamente, a fim de podermos identificar sua necessidade e atendermos a sua solicitação.

Conhecendo as fontes de informação existentes — livros e outros documentos, adquirindo habilidade no manuseio desses materiais e dispondo de um acervo organizado, o responsável pela biblioteca oferecerá ao leitor o de que ele realmente necessita. Desta forma, estará prestando um bom serviço de referência.

7.1 Cadastramento de usuário

Por que uma pessoa vai à biblioteca?

Porque precisa de alguma informação ou deseja ler algo com o objetivo de adquirir conhecimento ou de se distrair, por exemplo.

A razão da procura de uma biblioteca especializada em Espiritismo não difere da exposta acima, exceto no que se refere à busca da informação espírita.

O usuário chega à biblioteca geralmente com duas expectativas: consultar algum documento no próprio local ou retirá-lo para empréstimo domiciliar ou para uso em seu setor de trabalho.

A biblioteca precisa estar equipada para possibilitar o empréstimo.

Daí a necessidade de se adquirir mais de um exemplar de livros que são muito procurados e que não sejam obras de referência, uma vez que estas devem ser emprestadas apenas em casos excepcionais. Para uso rápido, em sala de aula, é um bom exemplo para empréstimo de uma obra de referência.

Mas, para retirar o livro, o usuário precisa estar cadastrado. O cadastramento é realizado mediante preenchimento de uma ficha solta ou em caderno que contenha os dados da tabela a seguir.

Quando o número de usuários é grande, recomendamos que o cadastro seja efetuado em fichas soltas e ordenadas alfabeticamente pelo nome. Essas fichas serão arquivadas em fichário ou pasta suspensa ou, ainda, pasta simples, com a identificação "Cadastro de usuário".

Se a biblioteca é de médio porte, pode-se confeccionar uma carteira do leitor que o identifique como cadastrado para usar a biblioteca. Essa carteirinha conterá basicamente os mesmos dados da ficha de cadastramento.

Após esses procedimentos, o usuário poderá levar o livro emprestado.

CADASTRO DE USUÁRIOS

Nº	DATA	NOME	DATA NASC.	ENDEREÇO	TEL.	OBS.
001	27/6/95	Maria Felizberta	23/2/60	QNM 10, Casa 20	222-3333	
002	29/6/95	Francinaldo Palácio	11/8/80	SQS 310, Bl Y Ap. 812	333-2222	
003	12/7/95	Joaquina Intimorata	28/11/68	QI 200, Lt. 1, Ap. 99	444-3210	

7.2 Empréstimo de livros, folhetos e periódicos

Para facilitar o controle de empréstimo, os responsáveis pela biblioteca devem elaborar um documento, que em essência é bastante simples, mas de muita importância para a política de organização do trabalho. São normas de acesso, consulta e empréstimo que recebem o nome de "Regulamento da Biblioteca".

Na página seguinte, apresentamos um modelo desse regulamento, que naturalmente será adaptado a cada realidade.

REGULAMENTO DA BIBLIOTECA

Art. 1º – O horário de funcionamento da biblioteca é das____ às _____, de segunda a domingo.

Art. 2º – É permitido, aos frequentadores do Centro Espírita _____ e ao público em geral, o acesso e consulta local ao acervo, catálogos e bases de dados existentes.

Art. 3º – As obras de referência e documentos de valor histórico deverão ser consultadas na biblioteca.

Art. 4º – O empréstimo de publicações será efetuado somente aos leitores inscritos na biblioteca.

§1º – Fica estabelecido o limite de dois livros e um periódico como o permitido a cada usuário retirar ao mesmo tempo.

§2º – O prazo para empréstimos de livros e folhetos será de quinze (15) dias, prorrogável por igual período, desde que não haja reserva da obra por outro usuário.

§3º – Os periódicos — jornais e revistas — serão emprestados pelo prazo de sete (7) dias.

Art. 5º – É de total responsabilidade do usuário a observância da data de devolução do material bibliográfico.

§1º – Após o vencimento do prazo, a biblioteca fará contato telefônico ou escrito, solicitando a devolução.

§2º – Em caso de extravio, o usuário ficará obrigado a fornecer, no prazo de um mês, novo exemplar da obra ou, na impossibilidade, obra similar a ser definida pela biblioteca.

Art. 6º – Os casos omissos neste Regulamento serão resolvidos pelos encarregados da biblioteca e diretoria do Centro Espírita.

_____, ____ de _____ de _____

_____
Responsável pela Biblioteca

7.2.1 Controle de empréstimo

As bibliotecas tradicionais utilizam uma ficha de bolso, que é colada na terceira capa do livro e outra solta a ser guardada no bolso da ficha citada para controlar a data de devolução do empréstimo. Quando o livro é emprestado, a ficha de bolso acompanha o livro e a solta permanece para arquivo da biblioteca. Nas duas fichas, é preenchida a informação de que este livro deve ser devolvido na última data anotada.

Entretanto, sugerimos que seja adotado um sistema diferente, mais simples e prático. É o que chamaremos de "Recibo de empréstimo".

Ao emprestar o documento, o responsável pela biblioteca preencherá um recibo em duas vias. A primeira via ficará como comprovante da biblioteca e a segunda, para controle do usuário.

Esse recibo pode ser preenchido manualmente ou em computador.

FEDERAÇÃO ESPÍRITA BRASILEIRA DEPARTAMENTO DE INFÂNCIA E JUVENTUDE
BIBLIOTECA RECIBO DE EMPRÉSTIMO
Reg. usuário: _____ Nome: _____ Reg. documento: _____ Autor: _____ Data de empréstimo: ___/___/_____   Data de devolução: ___/___/_____ Assinatura do usuário: _____

O mesmo formulário pode ser utilizado para o empréstimo de periódicos. Basta anotar no campo destinado ao registro do documento a palavra PERI, preenchendo-se os demais campos normalmente, exceto o campo "autor" que ficará em branco ou será preenchido com o nome da editora.

8
DIVULGAÇÃO

A atuação da biblioteca não se deve limitar ao que é realizado em seu espaço físico. É imprescindível desenvolver um programa de divulgação que promova os serviços e produtos por ela oferecidos ou que pretende oferecer. Compreendemos, assim, que além de nos preocuparmos com a guarda dos documentos, devemos considerar, especialmente, a utilização dos mesmos.

Divulgar os horários de atendimento, endereço, serviço de empréstimo e atividades especiais, como exposições, feiras, oficina de livro, hora do conto, visitas orientadas à biblioteca e serviços de extensão por meio de caixa-estante e carro-biblioteca faz parte do programa promocional que os encarregados pela biblioteca podem desenvolver.

8.1 Serviços de extensão

Os serviços de extensão são aqueles desenvolvidos pela biblioteca fora de sua sede.

Em locais onde o Centro Espírita realiza trabalhos de assistência social, evangelização etc. pode ser estruturado o serviço de *caixa-estante* ou de *carro-biblioteca*.

8.1.1 Caixa-estante

Consultemos uma vez mais o item 2 da bibliografia que apresenta as características das caixas-estantes:

O modelo padrão é de um pequeno armário que se abre ao meio ou nas extremidades, tendo prateleiras internas para a colocação dos livros. São confeccionadas em metal ou madeira, possuem rodízios, fechaduras e pegadores que facilitam o seu transporte. Cada caixa tem capacidade média para um total de 100 a 120 livros, podendo esta previsão ser alterada de acordo com a espessura dos livros.

A biblioteca será responsável pelo acervo a ser colocado na caixa--estante; a seleção do acervo atenderá ao perfil das pessoas que o utilizarão.

A renovação do acervo, bem como o período de permanência da caixa em determinado local serão definidos conforme o interesse dos usuários.

Esse tipo de serviço poderá ser mantido mediante duas condições:

- que haja local onde a caixa-estante possa ser instalada — escola, comércio, residência etc.;
- que algum integrante da equipe responsável pela biblioteca ou pessoa de confiança, preferencialmente da própria comunidade, assuma o controle do serviço.

Os documentos serão relacionados, incluindo-se o autor, título e número de registro do livro. A listagem permanece arquivada na biblioteca, enquanto uma cópia da mesma acompanha a caixa.

O cadastramento de usuários será realizado da mesma forma que na biblioteca, sendo permitido o empréstimo de até dois livros pelo prazo de sete dias, renovável por igual período.

8.1.2 Carro-biblioteca

Esse é um tipo de serviço ambulante que pode resolver o problema das distâncias. Normalmente, as pessoas precisam deslocar-se para usar a biblioteca. Nesse caso, a biblioteca "vai até o usuário ou à procura dele".

O manual citado na subseção anterior informa que o carro-biblioteca trata-se de

> [...] um ônibus ou kombi que leva o livro ao usuário de zonas rurais e outras localidades distanciadas dos centros urbanos. As atividades do carro-biblioteca devem ser programadas com antecedência e divulgadas entre seus possíveis usuários. Um aspecto importante é a periodicidade e regularidade das visitas. Os usuários do carro--biblioteca necessitam, como qualquer leitor, habituarem-se ao uso

daqueles serviços bibliotecários; necessitam poder contar com a regularidade dos mesmos.

O acervo será composto por livros, periódicos e outros materiais possíveis de serem transportados, devendo ser adequado à clientela que se pretenda atender.

O regulamento de empréstimo pode ser semelhante ao adotado para a caixa-estante.

Utilizando-se do carro-biblioteca, atividades de extensão cultural e doutrinária podem ser realizadas com o objetivo de levar a informação espírita a mais pessoas. São exemplos: hora do conto, teatro de fantoches, palestras, exposições, entre outras atividades.

8.2 Produtos

Em termos de divulgação, precisamos relacionar, ainda, os produtos que a biblioteca pode gerar para melhor atender aos seus usuários.

8.2.1 Novas aquisições

Os livros e folhetos recém-adquiridos — seja por compra, doação ou permuta — devem ser divulgados a todos os interessados.

Para se fazer essa divulgação, basta preparar uma folha digitada ou até manuscrita — caso não haja condição de fazê-la de outra forma — com o título do livro, autor e autor espiritual, para as obras mediúnicas, editora e data de edição.

A folha pode ser afixada em murais ou reproduzida em quantidade suficiente para atender aos diversos setores da Casa Espírita. Sua periodicidade vai depender da quantidade de obras adquiridas. Pode ser quinzenal, mensal ou bimestral.

A experiência tem-nos demonstrado que não é conveniente divulgar muitos títulos de uma só vez. Dá mais resultado divulgar menos obras com menor periodicidade, do que o contrário. Cinco ou seis títulos para cada "boletim" é um bom número.

Os livros a serem divulgados são novas aquisições da biblioteca e não, necessariamente, as edições mais recentes.

A seguir, apresentamos um exemplo de folha elaborada para divulgar livros e folhetos recém-adquiridos.

FEB / DIJ BIBLIOTECA NOVAS AQUISIÇÕES
Título: Os mensageiros Autor: Francisco Cândido Xavier / André Luiz Editora: FEB   Data: 2013
Título: Ação e reação Autor: Francisco Cândido Xavier / André Luiz Editora: FEB   Data: 2013
Título: Estudo aprofundado da doutrina espírita Autor: Marta Antunes de Oliveira de Moura (Org.) Editora: FEB   Data: 2013
Título: O evangelho segundo o espiritismo Autor: Allan Kardec Editora: FEB   Data: 2013
Título: Renúncia Autor: Francisco Cândido Xavier / Emmanuel Editora: FEB   Data: 2013
3/4/2013

8.2.2 Disseminação seletiva da informação

Esse nome bonito e complicado refere-se à divulgação de informações específicas para determinados usuários. Um produto que pode ser elaborado nesse contexto é o que denominamos de *informação selecionada*. Consiste na seleção de um artigo publicado em jornal ou revista ou de uma crônica, mensagem, poema, capítulo de livro, desde que não muito extenso (aproximadamente três ou quatro páginas), ou outro material válido para divulgação.

Após reprodução do texto, faz-se a montagem em uma ou mais páginas. A fonte de onde se extraiu a informação deve ser citada no final da página.

Incluímos a seguir um exemplo de *leitura selecionada* que poderia ser divulgada para a diretoria do Centro Espírita.

FEB
BIBLIOTECA

LEITURA SELECIONADA
Escolhos

O Espiritismo, como ideia nova no mundo, encontrou numerosos adversários desde os dias de seu advento.

Usaram a força, a astúcia, o descrédito, a injúria, a falsidade, enfim, todas as armas capazes de comprometê-lo ou manietá-lo.

Lembra Allan Kardec (*Revista espírita* de 1865) que "o meio de evitar essas maquinações é seguir o mais exatamente possível a linha de conduta traçada pela Doutrina; sua moral, que é a sua parte essencial, é inatacável; praticando-a não se dá entrada a nenhuma crítica fundada e a agressão se torna mais odiosa". (Destaques nossos.)

Palavras sábias, que vararam o tempo para se tornarem aplicáveis nos dias que correm.

A Doutrina Espírita não encontrou somente os adversários declarados, inconformados, atingidos em seus interesses pelas verdades novas reveladas aos homens.

Também os adversários internos sempre constituíram uma casta preocupante, tão prejudicial à marcha da Doutrina quanto os inimigos declarados, por razões óbvias.

Adversários internos são os que conhecem a Doutrina, mas fazem dela a base para lançarem suas opiniões pessoais, alimentando o personalismo que se torna deprimente e inconveniente, com graves consequências para a unidade da Doutrina.

Sempre conseguem aliciar seguidores, propensos às mesmas ideias.

Na história do Espiritismo, ficou assinalado o episódio do Espiritismo independente, referido por Kardec, como fruto da incompreensão e da vaidade de alguns adeptos.

Em nossos dias, não faltam os divisionistas. Por não terem assimilado a parte moral da Doutrina, a moral do Cristo que a sustenta, sua parte essencial e inatacável, enveredam por ínvios caminhos, sustentados pelo orgulho de serem independentes.

Daí as dissensões, os conflitos, as polêmicas apaixonadas. Ora para a sustentação de uma moral indefinida, ora para defender um cientificismo artificial contra o que denominam religiosismo na Doutrina.

O Movimento Espírita assim se divide e se prejudica por falta de bom senso de espíritas invigilantes, que se preocupam com as questões de ordem secundária, e por elas se apaixonam, em detrimento do essencial, perfeitamente definido na Doutrina do Consolador.

Fonte: *Reformador. Editorial.* Ano 113, jul. 1995, p. 6 (194).

8.2.3 Sumários correntes

Outro boletim de divulgação que pode ser elaborado é o que, usualmente, as bibliotecas denominam de *Sumários correntes*.

É um trabalho que exige certa infraestrutura, pois consiste em reproduzir os sumários das revistas e jornais, bem como suas capas e colocá-los na sequência alfabética dos títulos. No verso da capa, apresenta-se o sumário do título correspondente.

A periodicidade para bibliotecas de pequeno e médio porte varia entre mensal e trimestral, dependendo da quantidade de periódicos assinados.

Em cada boletim, serão incluídos os jornais e revistas recebidos no período.

Uma vez preparada, a "matriz" é reproduzida em número suficiente para atender aos diversos setores da instituição.

Os leitores destacarão os artigos de interesse e solicitarão à biblioteca cópia dos mesmos — quando há recursos para esse tipo de serviço — ou solicitarão o periódico emprestado.

Esse serviço também pode ser realizado, parcial ou integralmente, utilizando-se os recursos de tecnologia da informação. Podem-se digitar os títulos e sumários dos periódicos, ou importá-los de meio eletrônico, facilitando o trabalho de confecção.

O atendimento mais rápido e aquele via correio eletrônico (e-mail), remetendo-se ao usuário o conteúdo da matéria solicitada, quando disponível eletronicamente, seja migrada de algum sítio (*site*) da internet, ou digitalizando o inteiro teor do artigo.

8.3 Biblioteca e livraria

Antes de encerrarmos esse capítulo, gostaríamos de tecer algumas considerações sobre dois setores do Centro Espírita que estão intimamente relacionados, mas que se constituem em atividades distintas: a biblioteca e a livraria.

A ideia de que não é aconselhável a instalação de uma biblioteca na instituição, pois que poderia competir com a livraria, e esta teria suas vendas reduzidas, é errônea.

A biblioteca é poderoso instrumento de difusão da Doutrina Espírita e, consequentemente, do livro.

Ao promover atividades como estudos sobre a Doutrina, exposição de livros e manhã, tarde ou noite de autógrafos, a biblioteca estimula o frequentador a ler.

Nem todos os usuários poderão ser atendidos simultaneamente, quando há grande demanda acerca do mesmo assunto. Dentre três usuários que busquem a biblioteca, um, provavelmente, tem condições de comprar o livro que lhe desperte interesse.

Esse trabalho conjunto entre os dois setores resultará na promoção da biblioteca, no crescimento de vendas da livraria e, o mais importante, na divulgação espírita.

9
INFORMATIZAÇÃO

A informatização tem exercido grande influência no funcionamento das bibliotecas e serviços de informação.

Os principais benefícios da introdução dos computadores nas bibliotecas têm sido a padronização, aumento da eficiência, cooperação e melhoria dos serviços.

Redes de comunicação de dados, discos óticos, impressoras a jato de tinta e a laser são alguns exemplos do avanço tecnológico que a sociedade contemporânea vislumbra como o prenúncio de um futuro emergente de revolucionárias transformações no campo material.

Esse porvir já é uma realidade para reduzida parcela da sociedade mundial, sobretudo as de países desenvolvidos, que participam, no presente, do setor quaternário, fundamentado na ciência e tecnologia.

A maioria dos Centros Espíritas está, certamente, distante dessa situação. A automação de uma instituição constitui, ainda, sonho para nossa realidade.

Todavia, as instituições espíritas que têm condições de informatizar seus serviços devem decidir por esta opção pelas razões acima expostas.

No capítulo Estrutura da informação e programas do livro *Informática para bibliotecas*, Jennifer Rowley informa que ao se procurar um pacote de aplicativos, têm-se as seguintes opções:

- adquirir um pacote já existente, pronto para utilização;

- adquirir um pacote fechado que inclua tanto o *hardware* quanto o *software*;
- escrever os próprios programas;
- encomendar externamente a elaboração dos programas;
- participar da formação ou filiar-se a uma cooperativa que ofereça acesso a *software* e/ou *hardware* e/ou bases de dados.

Como modalidades dos programas aplicativos — que são definidos para gerir processos e sistemas específicos — existem os programas de gerenciamento de bibliotecas, constituídos geralmente de vários módulos: aquisição, catalogação, controle de circulação, indexação, controle de publicações periódicas entre outros.

Praticamente todos os serviços e produtos oferecidos pela biblioteca podem ser desenvolvidos com a utilização de computador, desde que haja equipamentos adequados e pessoas habilitadas para seu uso.

Os responsáveis pela biblioteca não precisam, necessariamente, entender de informática. Se possuírem conhecimentos profundos da área, melhor. Conhecimentos básicos sobre o assunto facilitam, pelo menos, o uso dos recursos informatizados.

O principal, no entanto, é que os encarregados saibam definir nitidamente o que estão desejando ao especialista que irá elaborar os programas ou utilizar-se de programas já existentes.

Não analisaremos nesse manual o como fazer, vez que há compêndios nessa temática e por não determos conhecimentos especializados para tanto. O mercado está repleto de opções. Um especialista competente e bem inteirado do que se pretende fazer na biblioteca escolherá o melhor produto.

Mas, discorreremos sobre o que pode ser feito no campo específico das bibliotecas com o uso do computador.

9.1 Periódicos

Quanto aos periódicos, há duas bases de dados que facilitarão o controle e o acesso às informações contidas em seus artigos.

A primeira é destinada ao registro dos periódicos. O mesmo controle que é feito manualmente, conforme orientações do item 5.1, passa a ser realizado por meios computadorizados.

A segunda base de dados trata-se da indexação de artigos dos periódicos que compõem o acervo da biblioteca. Indexação é o processo de análise do assunto tratado no documento — nesse caso, o artigo — por meio de sua identificação e representação (descritores — linguagem controlada — ou palavras-chaves extraídas da linguagem natural), objetivando recuperar informações de interesse.

No exemplo citado a seguir, qualquer campo poderia ser objeto para recuperação informacional, ou os campos que fossem definidos pelo programa.

Template da base de dados "PERI" (Indexação de Periódicos).

Documento: 0000001
Autor: SIMONETI, Richard
Título: O santo milagroso
Periódico: Reformador
VOL.: 130   N⁰: 2202   P.: 334 e 335   DATA: Set./2012
Indexação: Antonio de Pádua (Santo) – Mediunidade – Testemunho

A indexação deve retratar a ideia central do texto. Pode também expressar ideias secundárias e tópicos relevantes para a comunidade que utiliza os serviços da biblioteca. É e será sempre um processo subjetivo, embora existam ou possam ser elaborados os vocabulários controlados básicos e os tesauros, destinados a controlar a terminologia empregada.

9.2 Livros e folhetos

Quanto aos livros e folhetos, podem-se estruturar algumas bases de dados, visando ao registro, à catalogação e indexação dos documentos. O livro de registro especificado na subseção 6.1.7 pode ser substituído pela tela do computador. Basta definir uma *template* com os campos citados e proceder ao registro automaticamente. Se o código de classificação for previsto nessa base, as próprias etiquetas a serem afixadas nas lombadas dos livros poderão ser geradas a partir dela.

Caso isso não aconteça, há outra base de dados que contempla os campos relativos à classificação e catalogação dos documentos. Desta (ver modelo), podem ser impressas listagens por autor, título, assunto e classificação. São os catálogos citados na subseção 6.3.3.

Template da base de dados "BIBL" (Cadastro de Livros e Folhetos).

Documento: 0000001
Biblioteca Ref-Geral L   30.00.00 JP mp
Autor: Sell, João Sergio
Título: Mediunidade na prática / João Sérgio Sell.
Local: Londrina
Editora: Universalia
Data: 1994
Descrição Física: 102p.: il
Série:
Notas:
Indexação: Mediunidade – Conceito – Desenvolvimento mediúnico – Educação mediúnica – Transe – Psicografia – Psicofonia – Obsessão
Secundária: Federação Espírita Catarinense
Tombo: 0028/95

A circulação do acervo, envolvendo empréstimo, devoluções, cadastro de leitores, reserva de livros — quando emprestados e outro usuário fica aguardando a devolução — e multas, se for o caso, pode também ser controlada por meio computadorizado. Os procedimentos descritos em 7.1 e 7.2 deixam de ser manuais e passam a ser desenvolvidos no computador.

O acervo informatizado facilita a organização da biblioteca, bem como agiliza o acesso às informações procuradas.

10
O ARQUIVO DA BIBLIOTECA

Existem documentos que serão produzidos e outros que surgirão como decorrência do funcionamento da biblioteca. Regulamentos, relatórios, formulários, correspondências expedidas e recebidas, listas de

duplicatas, recortes de jornais e revistas, são alguns dos documentos que comporão o arquivo da biblioteca.

Os responsáveis pela biblioteca deverão organizar esses documentos, separando-os conforme a sua natureza ou agrupando-os por assuntos, com o objetivo de preservá-los e de facilitar sua localização e uso.

O arquivamento pode ser feito em pastas suspensas ou classificadores (tipo AZ) encontrados em papelarias.

Outra opção é confeccionar esse material na própria biblioteca. A divisória entre os documentos poderá ser uma folha de cartolina, ou outro papel de maior gramatjura (mais duro), com uma projeção onde serão anotados os assuntos ou a denominação dos conjuntos documentais.

11
ESPAÇO FÍSICO E MOBILIÁRIO

A instalação da biblioteca pode ser feita em prédio próprio, especialmente construído para esse fim, planejado de acordo com os serviços a serem oferecidos; em prédio já existente, que seria adaptado; ou ainda, em sala do Centro Espírita, que também seria adaptada para instalar a biblioteca.

Em termos ideais, a primeira opção é preferível às duas outras. Porém, certamente, é a mais difícil de se concretizar.

De qualquer forma, a biblioteca deve estar situada em local de fácil acesso, bem iluminado, contudo não exposto diretamente aos raios solares e que permita ampliações futuras.

É importante que o local seja silencioso, de preferência no andar térreo, devido ao peso dos livros. Um ambiente relativamente amplo e arejado possibilitará boa organização e acomodação confortável aos usuários. No manual Auxiliar de biblioteca, encontramos a explicação de que "[...] em 1m^2 podem ser colocados 50 volumes".

A porta de entrada dever ser bem visível e conter uma placa de identificação.

Os móveis da biblioteca podem ser de madeira, de aço ou adaptados com papelão, tijolo e outros materiais. Os de aço são bem resistentes e evitam a retenção de umidade, facilitando assim a conservação dos documentos.

Geralmente, os móveis metálicos são mais caros do que os de madeira. Caso a opção seja por estes, é recomendável levar em conta o bom acabamento da madeira, a fim de se evitar o aparecimento de cupins e de micro-organismos prejudiciais à preservação documental.

Os principais móveis de uma biblioteca são:

- estantes para livros e periódicos; podem ser simples, com apenas uma face e devem ser apoiadas na parede ou duplas, a serem utilizadas dos dois lados. As medidas, que são padronizadas, obedecerão à altura máxima de 2,20m, a largura das seções ou prateleiras de 1m, a profundidade de 0,20m a 0,25m, com 5 ou 6 (cinco o seis) prateleiras, reguláveis e removíveis. Para facilitar a circulação dos usuários, convém que o espaço entre uma estante e outra seja de 0,76m a 1m;
- bibliocantos de aço em forma de "L", com medidas aproximadas de 8cm de altura e 10cm de largura por 14cm de comprimento;
- fichários para diversos catálogos que podem ser de aço — mais tradicionais — ou em acrílico, facilmente encontrados em papelarias, que comportem fichas de 1,5cmx12,5cm e outras de tamanhos maiores;
- arquivos verticais para correspondências, organização de recortes de jornais e revistas e outros documentos de arquivo que se ajustam às pastas suspensas. São de tamanho padronizado, contendo 4 (quatro) gavetas;
- mesas para estudo individual ou em grupo, redondas ou retangulares com 2, 4 ou 6 (dois, quatro ou seis) lugares;
- cadeiras que devem ser resistentes, tendo os pés protegidos por borrachas para evitar o barulho.

Existem móveis e equipamentos que também são úteis à organização e funcionamento da biblioteca, embora não sejam principais.

São eles:

- estantes para referência, destinadas aos documentos que serão consultados na biblioteca; devem ter de 1 a 1,10m de altura;
- estantes de exposição que devem ter a mesma altura da estante de referência, com vitrine apropriada para exposição;
- fichários tipo kardex para registro dos fascículos de periódicos;

- caixa bibliográfica de aço ou de plástico, dotada de porta-etiqueta frontal, com dimensões de 20cm de altura x 9cm de profundidade;
- computador e impressora.

Esses materiais serão adquiridos, confeccionados ou adaptados segundo as condições e necessidades da biblioteca, bem como da comunidade que a utilizará.

11.1 Medidas de conservação

Arquitetura:

O prédio deve ser construído em local seco, fora do alcance de enchentes e distante de parques industriais. A escolha de materiais adequados para sua edificação ou adaptação contribuirá para a proteção contra umidade, calor, luz, poluição atmosférica, micro-organismos e roedores, fogo e outros acidentes.

Climatização:

Manter, de maneira estável, valores em torno de 20^{0}C de temperatura e 60% de umidade relativa do ar.

Diagnóstico:

É importante saber identificar a causa dos danos aos documentos, pois os trabalhos de conservação, se bem conduzidos, previnem os estragos.

Profilaxia:

O termo indica a ação de prever, cortar o mal antes que ele se manifeste. São medidas preventivas: redobrar os hábitos de higiene em bibliotecas e higienizar periodicamente os documentos.

12
MATERIAL DE CONSUMO

Para o desenvolvimento das tarefas de uma biblioteca, necessitaremos de recursos que são classificados como material de consumo.

Os principais são:

- carimbos de registro e de identificação da biblioteca;
- material de expediente;
- livros de registro;
- fichas brancas para catalogação e para registro de periódicos;
- etiquetas.

Caso a biblioteca seja informatizada ou esteja se preparando para isso, será necessário relacionar toner ou cartucho para impressora e o papel para impressão.

Convém ressaltar que com a informatização determinados materiais de consumo poderão ser dispensados, como, por exemplo, o livro de registro e as fichas.

13
ACERVOS ESPECIAIS

Na subseção 2.2, citamos alguns tipos de documentos que constituem o acervo da biblioteca, além dos livros, folhetos e periódicos. Não nos deteremos nesse assunto, uma vez que este manual visa à organização dos documentos mais comuns de uma biblioteca. Contudo, apenas para registro, informamos que os acervos especiais são constituídos por:

- documentos audiovisuais: qualquer documento-texto, documento-imagem ou documento-som cuja consulta ou utilização passa necessariamente pelo acesso a um aparelho apropriado. Exemplos: microformas, discos, diapositivos, filmes cinematográficos e vídeo;
- documentos gráficos: todos os documentos obtidos graças às diferentes técnicas de desenho, gravura ou fotografia;
- obras raras.

A Biblioteca Espírita Pública de Marília (SP) realiza interessante serviço de videoteca, oferecendo aos seus usuários fitas de vídeo, CDs e DVDs com palestras, entrevistas, seminários etc., de divulgadores espíritas.

Ao apresentar as diretrizes para uma política de seleção e aquisição destinada à composição do acervo de uma biblioteca pública, Valéria Prochmann (item 13 da bibliografia), define obras raras como:

> [...] materiais bibliográficos e documentários de valor inestimável devido a antiguidade, autoria, primeiras edições, esgotamento da edição,

exemplares autografados pelo autor, propriedades e características físicas peculiares, edições comemorativas com tiragens reduzidas e outros critérios de raridade.

A Federação Espírita Brasileira possui, em sua Sede Central — Brasília, uma Biblioteca de Obras Raras com acervo de 16 mil exemplares aproximadamente, que versam sobre assuntos como Ciência, Filosofia, Religião e História.

As primeiras edições das obras psicografadas pelo médium Francisco Cândido Xavier, editadas pela FEB, enriquecem a referida biblioteca.

Vale a pena conhecê-la!

14
BIBLIOTECA INFANTIL

A organização de uma biblioteca espírita destinada aos "pequenos leitores" pode ser responsabilidade dos setores de Infância e Juventude ou Mocidade da Casa Espírita.

O público-alvo dessa biblioteca é evidentemente a criança. O jovem que atua como evangelizador da infância deve colaborar ativamente na realização desse trabalho.

A biblioteca infantil tem as suas características próprias, específicas.

Daí, a importância, caso seja possível, de espaço apropriado para sua localização, separada da outra biblioteca destinada ao público jovem e adulto, espírita ou interessado no Espiritismo.

Para facilitar a visualização de como organizar uma biblioteca infantil, apresentamos a seguir um esboço de projeto, elaborado em 1990, para o Campo Experimental do Departamento de Infância e Juventude da FEB, em Brasília.

Esse projeto, porém, não deve ser seguido exatamente como se encontra. A nossa intenção, ao apresentá-lo, é de que ele sirva como ponto de partida e que cada instituição faça as adaptações necessárias a sua realidade, desenvolvendo o seu próprio projeto.

FEDERAÇÃO ESPÍRITA BRASILEIRA
DEPARTAMENTO DE INFÂNCIA E JUVENTUDE

Campo Experimental – Brasília

Setor de Infância

PROJETO

BIBLIOTECA INFANTIL

JANEIRO DE 1990

FEB/DIJ – PROJETO BIBLIOTECA INFANTIL

SUMÁRIO

A CRIANÇA E O LIVRO
INTRODUÇÃO
OBJETIVOS
CARACTERIZAÇÃO AMBIENTAL
CARACTERIZAÇÃO BIBLIOGRÁFICA
ATIVIDADES RECREATIVAS
METODOLOGIA DE TRABALHO

A CRIANÇA E O LIVRO[1]

"A criança é a sementeira do porvir."

Ismael Souto

"O livro edificante é sementeira da Luz divina, aclarando o passado, orientando o presente e preparando o futuro."

André Luiz

"A criança é o dia de amanhã, solicitando-nos concurso fraternal."

Meimei

"O livro edificante é sempre um orientador e um amigo. É a voz que ensina, modifica, renova e ajuda."

Emmanuel

INTRODUÇÃO

A ideia de uma biblioteca infantil espírita é relativamente nova, não obstante já ter sido cogitada, ao menos uma vez, anteriormente.

Em 1989, a Diretora do Departamento de Infância e Juventude solicitou-nos a elaboração de um projeto nesse sentido, para ser submetido à avaliação e, após aprovação, ser colocado em prática.

É com grande satisfação que apresentamos, nessa oportunidade, um esboço simplificado do Projeto Biblioteca Infantil, para análise e comentários.

Na esperança de que mais esse empreendimento venha a se tornar realidade, o que estará colaborando para consecução dos objetivos da Evangelização Espírita Infantil, colocamo-nos à disposição para o desenvolvimento do referido Projeto.

Brasília (DF), 25 de janeiro de 1990.
GERALDO CAMPETTI SOBRINHO

---

[1] N.E.: XAVIER, Francisco Cândido. *Dicionário da alma*. Rio de Janeiro: FEB, 2008. Verbetes "Crianças", "Livro".

OBJETIVOS

- Desenvolver na criança o hábito da leitura, possibilitando-lhe o acesso e o uso da biblioteca infantil.
- Propiciar à criança o conhecimento do Espiritismo por meio de livros infantis.
- Promover a integração da criança na Casa Espírita, pelo desenvolvimento de atividades culturais e artísticas, tais como: hora do conto, peças teatrais, jornalzinho etc.
- Colaborar, indiretamente, com os evangelizadores no desenvolvimento de suas aulas, oferecendo-lhes apoio bibliográfico e atuando conjuntamente na elaboração de atividades extras.

CARACTERIZAÇÃO AMBIENTAL

AMBIENTE FÍSICO
A Biblioteca Infantil precisa ter um espaço físico de aproximadamente 20m² (vinte metros quadrados), com localização de fácil acesso e de ambiente agradável no que se refere à ventilação e à luminosidade.

MATERIAL PERMANENTE
O mobiliário poderá ser composto de:
- 1 (uma) estante para exposição de material recém-adquirido: títulos novos, livros mais interessantes;
- 2 (duas) estantes junto à parede para arquivamento do material bibliográfico;
- 1 (uma) mesa pequena, com 4 (quatro) cadeirinhas, para a consulta de crianças menores;
- 1 (uma) mesa grande, com 4 (quatro) cadeiras, para consulta de crianças maiores;
- 1 (um) tapete, fazendo divisão de ambiente, com almofadas, para consulta e descanso;

- 3 (três) fichários para catálogos de autor, título e assunto e para cadastramento de usuários.

A organização do ambiente será de forma que o material permanente seja disposto estética e confortavelmente, com decoração nas paredes (material didático), constando de quadro-mural, cartazes, música ambiente etc.

Sugestão de frase:

"Preparamos esta sala com todo carinho,
pensando em você!
Ela é sua. Conserve-a."

Material de consumo

Para a organização e manutenção da biblioteca, durante o ano de 1990, serão necessários os elementos a seguir relacionados:

- 12 (doze) lápis pretos n° 2;
- 6 (seis) canetas azuis, vermelhas e pretas, duas de cada cor;
- 2 (duas) borrachas;
- 1 (um) estilete ou apontador;
- 2 (dois) rolos de fita durex scoth incolor;
- 1000 (mil) fichas catalográficas;
- 2 (duas) resmas de papel ofício ou A4;
- 250 (duzentos e cinquenta) fichas para cadastramento de usuário;
- 1 (um) carimbo de propriedade da instituição;
- 1 (um) carimbo para registro dos documentos.

Demais materiais que forem necessários à organização serão solicitados ao Setor de Material Didático, a título de empréstimo.

CARACTERIZAÇÃO BIBLIOGRÁFICA

ACERVO BIBLIOGRÁFICO
O acervo será composto de:
- livros infantis (faixa etária de 3 a 12 anos) espíritas e não espíritas, seu conteúdo deverá ser educativo e/ou lúdico;
- revistas infantis de conteúdo lúdico e/ou educativo;
- apostilas e livros didático-pedagógicos para consulta dos evangelizadores. Esses documentos podem ficar na outra biblioteca.

PROCESSAMENTO TÉCNICO E ORGANIZAÇÃO
O material bibliográfico será processado tecnicamente obedecendo à sequência abaixo:
- registro e carimbo de propriedade;
- catalogação simplificada;
- classificação;*
- preparação para empréstimo;
- ordenação nas estantes (arquivamento).

*A classificação será realizada da seguinte forma:
- livros espíritas;
- livros não espíritas;
- divisão por faixa etária (tarjas coloridas);
- separação por autor;
- ordem alfabética de título.

As estantes serão identificadas por meio de tarjas, que indicarão as faixas etárias a que os livros correspondem.

Aquisição

O material bibliográfico será adquirido por meio de:

- compra;
- doação (campanha entre evangelizadores, pais, amigos etc);
- permuta (entre instituições) etc.

ATIVIDADES RECREATIVAS

A biblioteca poderá promover eventos, tais como:

- hora do conto;
- pecinhas teatrais;
- elaboração de jornalzinho;
- jogos didáticos e recreativos (palavra-cruzada, dama, dominó, quebra-cabeça, jogos de montar etc.).

METODOLOGIA DE TRABALHO

Equipe

Será formada uma equipe de trabalho composta por 3 (três) jovens, além do coordenador, para organização e manutenção da biblioteca.

Essa equipe, a princípio, reunir-se-á aos sábados das 18h às 18h30, para execução de trabalhos rotineiros.

Cadastramento de usuários

O cadastramento das crianças na biblioteca será desenvolvido juntamente com os evangelizadores dos respectivos ciclos.

Horário de funcionamento

Domingos: 15h às 18h.

Avaliação

Serão realizadas avaliações periódicas sobre o trabalho desenvolvido pela biblioteca.

FORA DOS PONTOS FUNDAMENTAIS NÃO HÁ SALVAÇÃO!

- Ainda bem que esses pontos fundamentais existem, ufa!
- Você deve estar com muitas dúvidas, não é?! Troque ideias com os integrantes da equipe e com outras pessoas que poderão ajudá-lo.
- A Classificação Decimal Espírita prevê uma classe para a literatura infantil. Ótimo! É só manter o código da classificação, separar os livros entre espíritas e não espíritas, dividi-los pela faixa etária com tarjas de cores específicas e ordená-los nas prateleiras.
- Entendeu? Caso contrário, tranquilize-se. Vamos recapitular:

    faça a classificação normalmente pela CDE;

    separe os livros: os espíritas dos não espíritas;

    defina cores para cada faixa etária. Por exemplo:

    amarelo: livros destinados a crianças do maternal (3 e 4 anos);

    verde: livros destinados a crianças do jardim (5 e 6 anos);

    azul: livros destinados a crianças do 1º ciclo (7 e 8 anos);

    laranja: livros destinados a crianças do 2º ciclo (9 e 10 anos);

    vermelho: livros destinados a crianças do 3º ciclo (11 e 12 anos);

    ordene os livros seguindo os critérios dos subitens anteriores.

- A seleção dos livros e revistas que irão compor o acervo deve ser realizada sob a orientação do Coordenador da Infância.
- Caso a instituição espírita não disponha de espaço para uma biblioteca infantil, podem-se organizar pequenos acervos em cada sala de aula, e sua manutenção ficará a cargo dos evangelizadores do respectivo ciclo. Outra alternativa — e a mais provável — é a de se utilizar o mesmo ambiente para as duas bibliotecas, uma vez que os setores de infância, de juventude e de outras atividades funcionarão em horários diferentes. Porém, é fundamental que os documentos sejam organizados separadamente.

15
CONCLUSÃO

A organização de bibliotecas nas instituições espíritas proporciona aos espiritistas e simpatizantes da Doutrina Espírita inúmeros benefícios. Dentre eles, destacamos a formação do hábito de leitura nas crianças e jovens, a divulgação do Espiritismo a todos os interessados e a promoção da reforma íntima pelo conhecimento da Revelação Espírita.

Ao oferecer os serviços e produtos de uma biblioteca, o Centro Espírita colabora de maneira efetiva para o embasamento doutrinário de seus frequentadores, bem como facilita a integração de novos trabalhadores nas atividades que desenvolve.

Para implantar uma biblioteca espírita, é necessário dispor de informações fundamentais que contemplem princípios e técnicas de organização e funcionamento, que apresentem uma visão global e, simultaneamente, específica do assunto.

Após concluir a leitura deste manual, com a apreensão de seu conteúdo, estamos convictos de que você, seja técnico ou não, estará habilitado a realizar o trabalho com bons resultados.

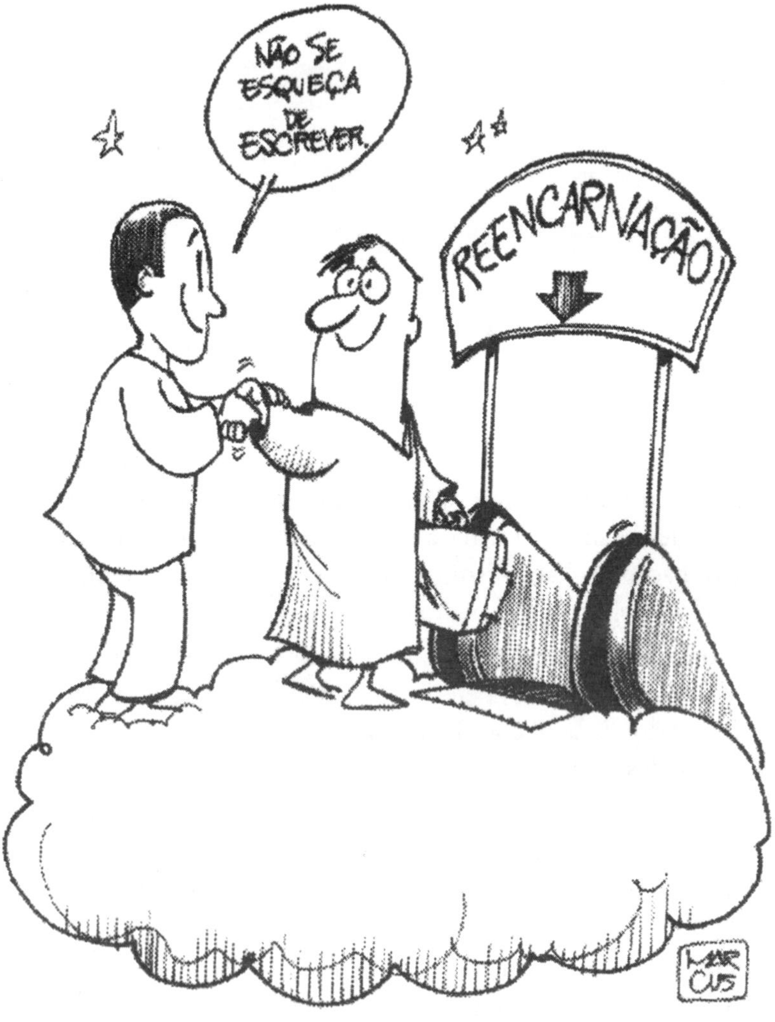
NÃO SE ESQUEÇA DE ESCREVER.
REENCARNAÇÃO
MARCUS

REFERÊNCIAS

1. ABRAMOVICH, Fanny. *Literatura infantil: gostosuras e bobices*. São Paulo: Ed. Scipione, 1989. (Série Pensamento e Ação no Magistério; 7)
2. ANTUNES, Walda de Andrade; CAVALCANTI, Gildete de Albuquerque. *Manual de treinamento de pessoal responsável por biblioteca pública*. [Brasília]: INL, 1989. 171 p. il.
3. CARVALHO, Lauro F. *A biblitroca (biblioteca de trocas)*: a nova opção para dinamização das bibliotecas espíritas. Brasília: Lembra, [1983]. 24 p.
4. CAVALCANTI, Cordélia R. *Indexação & tesauro*: metodologia & técnicas. Brasília: ABDF, 1978. 87 p.
5. COMISSÃO ESPECIAL DE PRESERVAÇÃO DO ACERVO DOCUMENTAL. *A importância da informação e do documento na administração pública brasileira*. Brasília: FUNCEP, 1987. 133 p.
6. CORTEZ, Maria Tereza. *Centro de documentação*: implantação com microcomputador. 2. ed. rev. ampl. São Paulo: Autor, 1987.
7. FERREIRA, Glória Isabel Sattamini; OLIVEIRA, Zita Prates de. *Informação para administração de bibliotecas*. Brasília: ABDF, 1987. 57 p. il.
8. GASCUEL, Jacqueline. *Um espaço para o livro*: como criar, animar ou renovar uma biblioteca. Lisboa: Dom Quixote, 1987. 301 p. il.
9. LAGE, Mirian Silva. *Manual de serviços de bibliotecas espíritas*. Vitória: FEEES, 1991. 10 p. Digitado.

10. LAJOLO, Marisa et al. *Leitura em crise na escola*: as alternativas do professor. 7. ed. Porto Alegre: Mercado Aberto, 1986. 164 p. (Série Novas Perspectivas; 1)

11. MARTINS, Maria Helena. *O que é leitura*. 12. ed. São Paulo: Brasiliense, 1990. 93 p. il. (Coleção Primeiros Passos; 74)

12. MILANESI, Luiz. *O que é biblioteca*. 5. ed. São Paulo: Ed. Brasiliense, 1988. 107 p. il. (Coleção Primeiros Passos; 94)

13. PARANÁ. Biblioteca Pública. *A composição do acervo*: diretrizes para uma política de seleção e aquisição. Curitiba: Imprensa Oficial, 1992. 35 p. Inclui: A preservação do acervo: diretrizes. (Série Cadernos de Biblioteca; 1)

14. PLACER, Xavier. *Como organizar sua biblioteca*. Rio de Janeiro: Coteld, 1968. 39 p. il.

15. RIBEIRO, Antônia M. de Castro Memória. *AACR2*: catalogação descritiva de monografias. Brasília: Centro Gráfico do Senado Federal, 1983. 166 p. il.

16. RICHE, Rosa; HADDAD, Luciane. *Oficina da palavra*. São Paulo: FID, 1988. 207 p. il.

17. ROBREDO, Jayme. *Documentação de hoje e de amanhã*: uma abordagem informatizada da biblioteconomia e dos sistemas de informação. 2. ed. rev. ampl. Brasília: Autor, 1986. 400 p. il.

18. ROWLEY, Jennifer. *Informática para bibliotecas*. Trad. de Antônio A. B. de Lemos. Brasília: Briquet de Lemos/Livros, 1994. 307 p. il.

19. SILVA, Divina Aparecida da; ARAÚJO, Iza Antunes. *Auxiliar de biblioteca*: noções fundamentais para formação profissional. Brasília: ABDF, 1987. 63 p. il.

20. TAVARES, Denise Fernandes. *A biblioteca escolar*: conceituação, organização e funcionamento; orientação do leitor e do professor. São Paulo: Lisa, Brasília: INL, 1973. 161 p. il.

ÍNDICE GERAL[2]

A
acervo – 2
   composição – 3.2, 14
acervos especiais – 13
almanaques – 3.2
ano – 6.2.1.3
aquisição – 4
arquivamento – 6.5, 10
arquivo – 10
arquivos verticais – 13
arquitetura – 11.1
atividades recreativas – 14
atlas – 2.2

B
base de dados – 9
bibliocantos – 11
biblioteca
   conceito – 1.1
   funções – 1.1
   histórico – 1.2
Biblioteca Espírita Pública de Marília – 13
biblioteca infantil – 14
biblioteca de obras raras – 8, 13
bibliotecário – 1.2, 3.1

C
cadastramento de usuário – 7.1,
cadeiras – 11
caixa-estante – 8.1, 8.1.1
Candeia – 3.1
carimbo – 6.1.3, 6.1.4
carimbo de identificação – 6.1.8
carro-biblioteca – 8.1, 8.1.2
carteira de leitor – 7.1
catalogação – 6.3

---
[2] N.E.: Remete ao número do capítulo e subseção.

catálogos – 3.1, 3.2, 6.3.3, 6.3.4
centro espírita – 4.1, 8.1
classes – 6.2.2.1
classificação – 6.2
Class. Dec. de Dewey – 6.2
Class. Dec. Espírita – 6.2, 6.2.2
Class. Dec. Universal – 6.2
classificadores – 10
climatização – 11.1
código numérico – 6.2.1.1
compra – 4.1
computador – 9, 11
conservação – 11.1
consulta – 7
controle de empréstimo – 7.2
correspondência – 10
criança – 14

D

Depto. de Infância e Juventude: Introd. – 14
desdobramento de ficha – 6.3.5.3
desenhos – 2.2
diagnóstico – 11.1
dicionários – 3.2
discos – 2.2
discos óticos – 9
disseminação seletiva de inf. – 8.2.2
divulgação – 8
doação – 4.1
documento
   conceitos – 2.1
   tipos – 2.2

E

editora – 3.1
empréstimo – 3.2, 7, 7.2, 7.2.1
enciclopédia – 3.2
equipe – entre 6 e 7
eslaides – 2.2
espaço físico – 11
estantes – 11
etiquetação – 6.4
evangelizadores – 3.1
exemplos – 6.2.1.5
exposições – 8.1.2

F

Federação Espírita Brasileira: Introd.– 13
ficha catalográfica – 6.3.5
   desdobramento – 6.3.5.3
   obra mediúnica – 6.3.5.2
   obra não mediúnica – 6.3.5.1
   ordenação – 6.3.5.4
fichários – 11
filmes – 2.2
fitas magnéticas – 2.2
fotocópias – 2.2
fotografias – 2.2

G

globos – 2.2
glossários – 3.2
gráficos – 2.2
gravuras – 2.2

H

hábito de leitura – 14
hardware – 9
higienização – 11.1
histórico – 1.2
hora do conto – 8, 8.1.2, 14

I

impressora – 9, 11
indexação – 9
índices – 3.2
informatização – 9
iniciais de autor e título – 6.2.1.2
Internet – 1.2

J

jogos didáticos – 14
jornais – 4.2, 5
jornalzinho – 14
jovem – 14

K

kardex – 5.1

L

leitura selecionada – 8.2.2
literatura básica – 3.2
literatura complementar – 3.2
lista de duplicatas – 4.1, 4.2
livrarias – 3.1
livro
    conceito – 6
    formato – 1.2
    importância – 1.2
    partes – 6
livro de registro – 6.1.7
livros e folhetos
    catalogação – 6.3
    classificação – 6.2
    organização – 6
    registro – 6.1
livros pub. pela FEB – 3.2, 6.2.3

M

mapas – 2.2
material de consumo – 12, 14
material permanente – 11, 14
mesas – 11
microfilmes – 2.2
microfitas – 2.2
mobiliário – 11
museus – 8

N

novas aquisições – 8.2.1
novos lançamentos – 3.1

O

obras básicas – 3.2
obras raras – 13
obras de referência – 3.2
oradores – 3.1
ordenação fichas catal. – 6.3.5.4

P

palestras – 8.1.2
partituras – 2.2

pastas suspensas – 10
peças teatrais – 14
periódicos
    arquivamento – 5.2
    organização – 5
    registro – 5.1
permuta – 4.1
plantas – 2.2
produtividade – *entre* 6 e 7
produtos – 8.2
profilaxia – 11.1
programa de gerenciamento de bibliotecas – 11
projeto – 14

Q
qualidade – *entre* 6 e 7

R
redes de informação – 1.2, 9
Reformador – 5.2, 8

regulamento da biblioteca – 7.2
revistas – 4.2, 5

S
separatas – 2.2
seleção – 3, 14
    critérios e processo – 3.1
Serviço Espírita de Informações – 3.1
serviços de extensão – 8.1
software – 9
sumários correntes – 8.2.3

T
teatro de fantoches – 8.1.2
tesauros – 9

V
vocabulário controlado básico – 9
volume – 6.2.1.4

O livro dos espíritos
1857
O Consolador entre os homens

Por
ALLAN KARDEC
Tradução de Evandro Noleto Bezerra

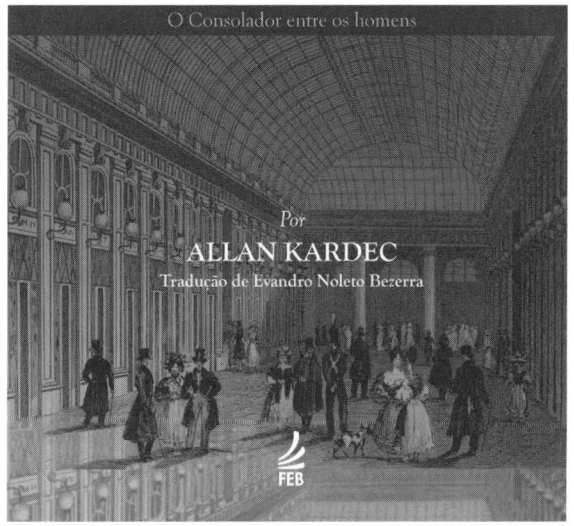

O livro dos espíritos é o marco inicial da literatura espírita, essencial para conhecer e estudar a Doutrina Espírita. Desde 1857, ano de seu lançamento, esta obra influencia profundamente o pensamento e a visão de vida de uma parcela significativa da humanidade. Entre as cinco obras que compõem a Codificação do Espiritismo, esta foi a primeira a reunir os ensinamentos dos Espíritos superiores por meio de médiuns de várias partes do mundo.

Passaram-se 156 anos até esta edição histórica bilíngue, que traz o texto original em francês e a cuidadosa tradução de Evandro Noleto Bezerra, contendo 501 perguntas, formuladas por Allan Kardec, que abordam os ensinamentos espíritas, sistematizados de forma lógica e racional, tratados sob o aspecto científico, filosófico e religioso.

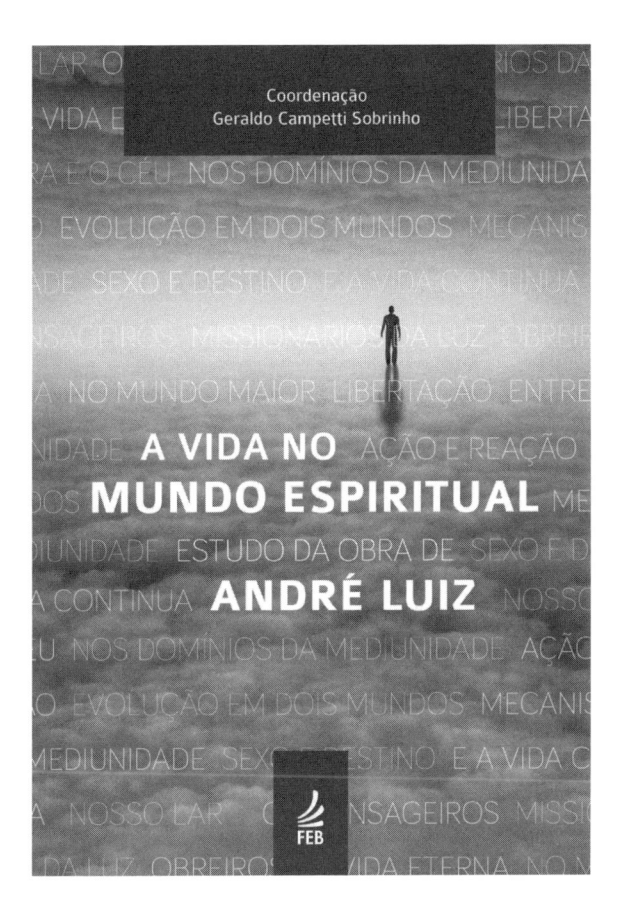

Desenvolvido em equipe, este projeto reúne informações, resumos e pesquisas sobre o acervo doutrinário exposto nos livros da FEB ditados pelo Espírito André Luiz aos médiuns Francisco Cândido Xavier e Waldo Vieira.

Iniciativa inédita no campo espírita, a obra foi concebida como um recurso auxiliar de pesquisa que engloba reflexões e referências relacionadas aos 13 volumes da coleção *A vida no mundo espiritual*. Acompanham o texto minibiografias das personagens e personalidades citadas e resumos de cada capítulo das obras em particular. Um livro que, certamente, ajudará todos os interessados em conhecer um pouco mais sobre a existência e o cotidiano da vida no mundo espiritual, descritos sabiamente por André Luiz.

Literatura espírita

EM QUALQUER PARTE DO MUNDO, é comum encontrar pessoas que se interessem por assuntos como imortalidade, comunicação com Espíritos, vida após a morte e reencarnação. A crescente popularidade desses temas pode ser avaliada com o sucesso de vários filmes, seriados, novelas e peças teatrais que incluem em seus roteiros conceitos ligados à espiritualidade e à alma.

Cada vez mais, a imprensa evidencia a literatura espírita, cujas obras impressionam até mesmo grandes veículos de comunicação devido ao seu grande número de vendas. O principal motivo pela busca dos filmes e livros do gênero é simples: o Espiritismo consegue responder, de forma clara, perguntas que pairam sobre a humanidade desde o princípio dos tempos. Quem somos nós? De onde viemos? Para onde vamos?

A literatura espírita apresenta argumentos fundamentados na razão, que acabam atraindo leitores de todas as idades. Os textos são trabalhados com afinco, apresentam boas histórias e informações coerentes, pois se baseiam em fatos reais.

Os ensinamentos espíritas trazem a mensagem consoladora de que existe vida após a morte, e essa é uma das melhores notícias que podemos receber quando temos entes queridos que já não habitam mais a Terra. As conquistas e os aprendizados adquiridos em vida sempre farão parte do nosso futuro e prosseguirão de forma ininterrupta por toda a jornada pessoal de cada um.

Divulgar o Espiritismo por meio da literatura é a principal missão da FEB, que, há mais de cem anos, seleciona conteúdos doutrinários de qualidade para espalhar a palavra e o ideal do Cristo por todo o mundo, rumo ao caminho da felicidade e plenitude.

O que é Espiritismo?

O Espiritismo é um conjunto de princípios e leis reveladas por Espíritos superiores ao educador francês Allan Kardec, que compilou o material em cinco obras que ficariam conhecidas posteriormente como a Codificação: O livro dos espíritos, O livro dos médiuns, O evangelho segundo o espiritismo, O céu e o inferno e A gênese.

Como uma nova ciência, o Espiritismo veio apresentar à humanidade, com provas indiscutíveis, a existência e a natureza do mundo espiritual, além de suas relações com o mundo físico. A partir dessas evidências, o mundo espiritual deixa de ser algo sobrenatural e passa a ser considerado como inesgotável força da natureza, fonte viva de inúmeros fenômenos até hoje incompreendidos e, por esse motivo, são tidos como fantasiosos e extraordinários.

Jesus Cristo ressaltou a relação entre homem e Espírito por várias vezes durante sua jornada na Terra, e talvez alguns de seus ensinamentos pareçam incompreensíveis ou sejam erroneamente interpretados por não se perceber essa associação. O Espiritismo surge então como uma chave, que esclarece e explica as palavras do Mestre.

A Doutrina Espírita revela novos e profundos conceitos sobre Deus, o universo, a humanidade, os Espíritos e as leis que regem a vida. Ela merece ser estudada, analisada e praticada todos os dias de nossa existência, pois o seu valioso conteúdo servirá de grande impulso a nossa evolução.

Como funciona?

Utilize o aplicativo QR Code no seu aparelho celular ou *tablet*, posicione o leitor sobre a figura demonstrada acima, a imagem será captada através da câmera do seu aparelho e serão decodificadas as informações que levarão você para o *site* da Editora.

Conselho Editorial:
Antonio Cesar Perri de Carvalho – Presidente

Coordenação Editorial:
Geraldo Campetti Sobrinho

Produção Editorial:
Rosiane Dias Rodrigues

Coordenação de Revisão:
Mônica dos Santos

Revisão:
Ana Luisa de Jesus Miranda
Denise Giusti

Ilustrações:
Eduardo Braga
Marcus Eurício
Thiago Pereira Campos

Capa:
Alexandre Gomes da Silva (colaboração)
Thiago Pereira Campos

Projeto Gráfico e Diagramação:
Thiago Pereira Campos

Foto de Capa:
zoomstudio (http://www.zoomstudio.pl)

Normalização Técnica:
Biblioteca de Obras Raras e Patrimônio do Livro

Esta edição foi impressa pela Ediouro Gráfica e Editora Ltda., Bonsucesso, RJ, com tiragem de 3 mil exemplares, todos em formato fechado de 160x230 mm e com mancha de 120x190 mm. Os papéis utilizados foram Offset 75 g/m² para o miolo e o cartão Supremo 250 g/m² para a capa. O texto principal foi composto em fonte Adobe Garamond 12/14 e os títulos em Adobe Garamond 25/30.